Luiz Carlos Mariano da Rosa

Mito e Filosofia
Do *Homo Poeticus*

Politikón Zôon Publicações

Luiz Carlos Mariano da Rosa

Mito e Filosofia
Do *Homo Poeticus*

Politikón Zôon Publicações
2014

Politikón Zôon Publicações
1ª edição
Dezembro de 2014

Capa: Vick Rô (Reprodução digital de imagem de inscrição em *hieróglifos* em tábua de argila de Michael Baragwanath por *Pixabay*)

Copyright ℰ by Luiz Carlos Mariano da Rosa

Sem autorização expressa do autor e do editor não é permitida a reprodução desta obra, no todo ou em parte e por nenhum meio, excetuando-se a transcrição de pequenos excertos para fins de divulgação e crítica.

Dados Internacionais de Catalogação na Publicação (CIP)
Politikón Zôon Publicações

R7881m	Rosa, Luiz Carlos Mariano da, 1966- Mito e filosofia: do homo poeticus. - São Paulo: Politikón Zôon Publicações, 2014. Inclui bibliografia ISBN 978-85-68078-01-3 1. Filosofia e psicologia 2. Teoria do conhecimento, causalidade e ser humano 3. Metafísica I. Título.
165.19	CDD-100 -120 -110

Índices para catálogo sistemático:

1. Filosofia e psicologia 100
2. Teoria do conhecimento, causalidade e ser humano 120
3. Metafísica 110

Politikón Zôon Publicações
Caixa Postal 436, Centro, São Paulo, CEP: 01031-970, Brasil

Ao *Deus-Homem* Jesus Cristo.
À minha família:
Val (*in memoriam*),
Nísia e Victoria.
Ao meu pai José Mariano da Rosa (*in memoriam*)
E à minha mãe, Maria de Lurdes.

Mais profundamente: não importa a uma antropologia prevalecer sobre o primitivo ou fazê-lo prevalecer contra nós, importa-lhe instalar-se num terreno em que ambos sejamos inteligíveis, sem redução nem transposição temerária. É isso que fazemos ao ver na função simbólica a fonte de toda razão e de toda a desrazão, porque a quantidade e a riqueza das significações de que o homem dispõe sempre excedem o círculo dos objetos definidos que merecem o nome de significados, porque a função simbólica sempre deve estar adiante de seu objeto e só encontra o real antecedendo-o no imaginário. A tarefa consiste, pois, em alargar a nossa razão, para torná-la capaz de compreender o que em nós e nos outros precede e excede a razão. [Merleau-Ponty]

SUMÁRIO

Prefácio [11]

Capítulo 1 - Do *animal symbolicum:* realidade e possibilidade [21]
I Parte - Da ordem humana: do pertencimento a espécie animal e o *simbólico* [27]
II Parte - Do sistema simbólico [43]
III Parte - Da atividade animal e a inteligência [57]

Capítulo 2 - Do pensamento mítico [69]
I Parte - Da relação entre mito e sensibilidade [75]
II Parte - Da função do mito e a sua relação com a religião [97]
III Parte - Do simbolismo religioso: natureza e representação [119]

Capítulo 3 - Do *homo mytologicus* [133]
I Parte - Da construção simbólica da realidade: da dialética [139]
II Parte - Do pensamento mítico à razão: das raízes

simbólicas da transição [155]

III Parte - *Mythos* e *lógos* [181]

Capítulo 4 - Do *homo poeticus* [197]

I Parte - A fala, a linguagem e as formas simbólicas [209]

II Parte - Da filosofia: positividade e abstração [231]

III Parte - *Mythos* e *tà metà physiká*: o *simbólico* e a *clareira* [247]

Aspectos conclusivos [273]

Referências bibliográficas [289]

Bibliografia do autor [303]

Websites & social links do autor [323]

PREFÁCIO[1]

Dialogando com o horizonte teórico que Ernst Cassirer [1874-1945] desnuda através do *simbólico*, que, precedendo e excedendo a razão, se impõe como fundamento da condição de um ser cuja vivência não emerge senão sob a perspectiva da relação [fala e trabalho], a investigação em questão, que acena com uma metodologia baseada em uma pesquisa bibliográfica que traz como temática o mito e a filosofia e envolve a leitura de títulos e autores correspondentes às fronteiras da hermenêutica instauradora [como Cassirer, Mircea Eliade e Paul Ricoeur] àqueles que se detêm no atalho fenomenológico [como Martin Heidegger e Maurice Merleau-Ponty], configurando um viés que guarda raízes na esfera hermenêutica fenomenológica-existencial [Eudoro de Sousa e Fernando Bastos], carrega a pretensão de colocar em relevo a estruturalidade que abrange a inter-relação da

---

[1]. O referido trabalho tem como fundamento teórico-conceitual o conteúdo do artigo **Mito e filosofia: do *homo poeticus***, publicado em **Revista Saberes: Revista Interdisciplinar de Filosofia e Educação** / **UFRN**, ISSN: 1984-3879, v. 1, n. 10, p. 36-65, nov. 2014, Natal – RN, Brasil.

linguagem, do mito, da religião, da arte, da ciência e da história, como formas simbólicas que caracterizam a constitutividade da *realidade* e convergem para o processo de autoconstrução, que se desenvolve em função da emergência de um sistema que, à medida que alcança a dimensão de um tipo de conhecimento que escapa ao animal, distingue a *natureza* humana e instaura o fenômeno da sua existência como tal.

Nesta perspectiva, pois, o Capítulo 1 [DO *ANIMAL SYMBOLICUM*] acena com a prerrogativa humana de estabelecer a distinção entre realidade e *possibilidade*, que emerge através do desenvolvimento cultural, que se impõe à inter-relação que envolve as necessidades orgânicas ou básicas do homem e da raça e a construção de um novo ambiente, secundário ou artificial, que perfaz um conjunto de práticas, teorias, instituições, valores materiais e espirituais, enfim, um sistema de símbolos, em suma, produzido na construção da existência, instituindo modos de viver e pensar, condutas, comportamentos, que, afinal, inaugura a *"lógica da expressão"*, para cujo horizonte convergem a percepção, a linguagem e o trabalho, caracterizando "a estrutura simbólica" da ordem humana. A ênfase que se impõe ao pertencimento a espécie animal guarda correspondência com a intenção de não permitir o deslocamento da investigação para um atalho que, escapando ao diálogo envolvendo o empírico, se circunscreva à dimensão teórico-especulativa, tendo em vista que a própria definição de *Animal Symbolicum* carrega a possibilidade de libertar o homem das fronteiras que absolutizam a "razão" como horizonte identificatório que, instrumentalizando a sua relação com a realidade, o conhecimento, em suma, "invalida" qualquer outra forma de construção, o desencadeamento de cujo processo permanece atrelado ao arcabouço orgânico e às suas necessidades básicas, conforme o demonstra o antropólogo polonês Bronislaw Malinowski [1884-1942] através da perspectiva funcional e institucional à medida que salienta a influência do *simbolismo* no tocante a uma tendência fisiológica, posto que a distingue, tornando-a um valor cultural, configurando uma ruptura no que concerne à atividade e à inteligência do animal, perfazendo um círculo funcional que não dialoga senão com a adaptabilidade, tanto quanto com o *sentido*, inexistente para outros seres.

À questão que envolve o pensamento mítico, a investigação em questão, no Capítulo 2 [DO PENSAMENTO MÍTICO], transpondo o âmbito temático que se esgota através da análise da imaginação mítica e do pensamento religioso, se detém na leitura da sua forma, que remete, pois, à atividade simbólica, segundo Cassirer, que propõe que a sua interpretação não pode ignorar a diferença que carrega o modo de percepção característico do mito, que emerge como a "linguagem de transcendência do sensível", segundo Eudoro de Sousa [1911-1987], que procura justificar a impossibilidade da "razão" tocá-lo, à medida que a sua estrutura fundamental escapa à inteligibilidade do mundo teórico de coisas e propriedades, como também aos ideais de conhecimento e verdade que o arcabouço em questão suscita, tendo em vista que o mundo mítico consiste em ações, mais do que em simples imagens ou representações, conforme demonstra o estudo da sua função e a sua relação com a religião que, convergindo para assinalar a possibilidade do homem manter a consciência de outro mundo, "transcendente", mostra a simbolicidade que permeia a existência e engendra um viés de solidariedade que abrange todos os seres e eventos, perfazendo a ideia da "simpatia do Todo".

Se a linguagem, o mito, a religião, a arte, a ciência e a história se inter-relacionam na constitutividade humana, a definição de sua natureza ou "essência" guarda correspondência com o pressuposto que converge para o caráter funcional, eis a referência da investigação em questão no Capítulo 3 [DO *HOMO MYTOLOGICUS*], cuja perspectiva, abordando o mito como uma interpretação simbólica da realidade, converge para assinalar que não é senão a sociedade que emerge como "verdadeiro modelo do mito", encerrando, pois, a sua experiência um substrato que escapa ao pensamento e acena para o horizonte do sentimento, configurando-se, em suma, como produto da emoção que, segundo Cassirer, oblitera as diferenças específicas das coisas através da convicção que envolve a solidariedade da vida, à qual se impõe uma unidade indestrutível.

Detendo-se nas especificidades simbólicas que o movimento de transição do pensamento mítico à razão carrega, a investigação em questão se inclina sobre o arcabouço de eventos que se inter-relacionam no processo que possibilita a manifestação da racionalização, que distinguindo-se da ordem de ideias da qual emerge, nela, contudo, guarda raízes, como o demonstra a leitura que expõe do diálogo envolvendo os mitos cosmogônicos e as cosmologias à correspondência entre as figuras semilendárias dos primórdios da história intelectual da Grécia [encarnação do modelo mais antigo do "Sábio"] e a lenda de Pitágoras, fundador da primeira seita filosófica, tornando-se o filósofo, enfim, neste contexto, um eleito, consagrado ao primeiro grau de iniciação, que abrange aqueles que viram, que sabem, condição que, anteriormente, como detentor da verdade essencial, o poeta usufruía, convergindo a conclusão para caracterizar a solidariedade envolvendo o nascimento do filósofo e o aparecimento do cidadão, à medida que a cidade corporifica a ruptura entre a natureza e a sociedade, e a ordem política sobrepuja a organização cósmica.

Se *Mythos* e *Lógos* [Capítulo 3, III Parte] remetem à leitura que envolve, respectivamente, "narrativa sagrada" e "discurso regrado", perspectiva que carrega a pretensão de desnudar os liames de interdependência que as relações que mantêm guardam, à medida que dialoga com a interpretação tautegórica [Claude Lévi-Strauss] e converge para a interpretação simbólica ou metafórica [Paul Ricoeur], a investigação aborda os três horizontes que, inter-relacionados, se impõem à unidade do mesmo sujeito, a saber, empírico, racional, teórico, sublinhando, no Capítulo 4 [DO *HOMO POETICUS*], a condição que determina a relação que circunscreve, desde os primórdios da cultura humana, a possessão da faculdade da fala e a função de fazer mitos, a linguagem e o mito, em suma, caracterizados, pois, como "irmãos gêmeos", enfim, tendo em vista a função específica da palavra mágica em um contexto que traz interligadas a totalidade da natureza e a sociedade antes do aspecto lógico alcançar preeminência, perfazendo consequentemente a transição do pensamento grego primitivo de uma filosofia da natureza para uma filosofia da linguagem.

Estabelecendo a distinção que envolve a língua, que acena para a universalidade, e a fala, que, como processo temporal, carrega um caráter individual, a investigação em questão, no tocante à análise da linguagem, a mantém sob a perspectiva de um fato social cuja unidade estrutural fundamental se impõe através dos aspectos material e formal, que, segundo a leitura de Cassirer, guardam indissolubilidade, que escapando, no entanto, à natureza substancial, à pressuposição de uma identidade formal ou material, se inclina para o horizonte funcional, encerrando um valor produtivo e construtivo, o processo do qual emerge através de um fenômeno que dialoga com a questão do *simbolismo* e provoca uma verdadeira revolução da vida intelectual e pessoal, a saber, a "fome de nomes".

Se a linguagem se impõe como uma das formas simbólicas, conforme a proposta de classificação de Cassirer, que a investigação em questão expõe, além de outras como a arte, a ciência, a religião e a filosofia, o estudo desta última não converge senão para assinalar que, se guarda raízes na dimensão mítica, a sua construção implica um processo que envolve a instauração da positividade e um esforço de abstração que emergem através das estruturas sócio-políticas, culturais e econômicas que se inter-relacionam nas fronteiras das transformações mentais que traduzem, em suma, aspirações gerais que carregam a capacidade de engendrar um arcabouço de problemas que se circunscrevem, enfim, ao âmbito exclusivo da razão, a saber, natureza do Ser, relações do Ser e do pensamento.

Nesta perspectiva, pois, que assinala que a razão está imanente na linguagem, o texto aborda a relação que implica o título do Capítulo 4, MYTHOS E TÁ METÀ PHISIKÁ, e, à medida que mantém ambos sob o horizonte da interpretação simbólica da realidade, sublinha a diferencialidade que se impõe ao *simbólico* daquele, que emerge no âmbito que abrange a relação e a analogia, e as fronteiras da linguagem simbólica, cuja inteligibilidade guarda correspondência com o horizonte dos princípios de identidade e contradição, recorrendo finalmente à *Alétheia*[2] para caracterizar a instauração da "verdade" e as possibilidades de compreensão e definição do Ser, tendo

---

[2]. "Na etimologia de *alétheia*, o primeiro termo que na Grécia significava verdade (não-velamento: *a*, privativo, *lanthanô*, dissimular, esquecer, *léthé*, esquecimento), Heidegger entrevê a acepção primordial do verdadeiro sentido da verdade: a ocultação e a dissimulação são-lhe constitutivos." [Baraquin; Laffitte, 2004, p. 186]

em vista a pretensão de estabelecer a inter-relação envolvendo o *simbólico* e o sentido com o qual acena a *abertura* [*clareira*] de Heidegger [1889-1976].

Carregando a pretensão de assinalar que a condição humana transpõe as fronteiras identitárias que a circunscrevem ao âmbito da definição de *Animal Rationale*, a investigação em questão propõe que o *simbólico*, que emerge desde as necessidades básicas do arcabouço orgânico caracterizando o processo de construção cultural que uma tendência fisiológica instaura, se impõe às formas e estruturas que, tais como a linguagem, o mito, a arte, a religião e a ciência, convergem para a unidade funcional de uma existência cujas raízes inter-relacionam *mythos* e *lógos* no horizonte do pensamento filosófico, que desde sempre dialoga com *Alétheia* e acena com a possibilidade do *sentido*, que torna-se, pois, inescapável a um ser que não se concebe senão como *aberto*, à medida que guarda uma capacidade de relação diante de si próprio, do próximo, do mundo, que sobrepõe aos liames do tecido da realidade [ou atualidade] não menos do que a *possibilidade*.

CAPÍTULO 1

DO *ANIMAL SYMBOLICUM*: REALIDADE E *POSSIBILIDADE*

À estrutura fundamental do intelecto humano se impõe, no tocante às fronteiras que envolvem a possibilidade do conhecimento, uma prerrogativa que guarda correspondência com a capacidade de estabelecer a distinção entre a realidade e a *possibilidade* das coisas, pois se os seres que não alcançam a condição do homem se mantêm circunscritos ao âmbito de suas percepções sensoriais, desenvolvendo reações que não guardam relação senão com estímulos físicos reais, ao intelecto sobre-humano escapa a diferencialidade em questão, à medida que se Deus emerge como *actus purus*, a sua inteligência caracteriza-se como *intellectus archetypus* ou *intuitus originarius*[3], tornando-se o seu próprio ato de pensar criador e produtor. Conclusão: "É só no homem, na sua

---

[3]. Emergindo da leitura kantiana [*Crítica do Juízo*], o conceito em questão não se impõe senão como um parâmetro, escapando à sua perspectiva o caráter positivo e dogmático que pretende se lhe atribuir, em última instância, a condição de existência.

'inteligência derivativa' (*intellectus ectypus*) que ocorre o problema da possibilidade."[4]

Nessa perspectiva, pois, que assinala como uma prerrogativa humana a distinção em questão, que não carrega um caráter metafísico mas epistemológico, emergindo como um "entendimento discursivo" o intelecto humano, no tocante às condições essenciais do conhecimento, inter-relaciona dois elementos heterogêneos, que se impõem como fundamento da capacidade de estabelecer a diferencialidade que envolve realidade e *possibilidade*, à medida que o pensamento depende das imagens e a intuição dos conceitos, cujo dualismo, identificado por Immanuel Kant [1724-1804], expõe uma questão que adquire preeminência, conforme esclarece Cassirer[5]:

---

[4]. Cassirer, 2005, p. 96.

[5]. A leitura de Cassirer, que atribui à sua perspectiva a condição que envolve uma ampliação da inversão kantiana, impõe à "revolução copernicana" de Kant uma crítica que expõe a limitação do conhecimento ao âmbito físico-matemático, não convergindo senão para identificar a impossibilidade, no que tange ao ser científico natural-matemático, sob a interpretação idealista, de promover o esgotamento da realidade, à medida que se lhe escapa a capacidade de

> Em vez de dizer que o intelecto humano é um intelecto que "precisa de imagens", deveríamos antes dizer que precisa de símbolos. O conhecimento humano é por sua própria natureza um conhecimento simbólico. É este traço que caracteriza tanto a sua força como as suas limitações. E, para o pensamento simbólico, é indispensável fazer uma distinção clara entre real e possível, entre coisas reais e ideais. Um símbolo não tem existência real como parte do mundo físico; tem um "sentido".[6]

Se não há fronteiras distinguindo os âmbitos que envolvem ser e *sentido* no tocante ao pensamento primitivo, que atribui aos símbolos poderes mágicos ou físicos, confundindo ambos, o desenvolvimento da cultura humana possibilita a emergência da diferença que se impõe entre estes e as coisas, tanto quanto, consequentemente, para aquela que abrange realidade e *possibilidade*, cuja interdependência é assinalada através de casos que confirmam que a obstrução da função do pensamento *simbólico*, em virtude de condições especiais [afasia[7], por

---

"conter toda a atividade e espontaneidade do espírito." [Cassirer, 1998a, p. 19]

[6]. Cassirer, 2005, pp. 96-97.

[7]. "Perda do poder de expressão pela fala, pela escrita ou pela sinalização, ou da capacidade de compreensão da palavra escrita ou

exemplo], converge para reduzir senão anular a capacidade de distinção em questão, configurando-se como um recurso inacessível a abstração diante de um problema que requer a sua utilização.

Detendo-se na questão que envolve a imprescindibilidade do *simbólico*, a investigação de Cassirer sublinha uma problematicidade que se impõe ao desenvolvimento da cultura humana à medida que recorre à perspectiva empirista e positivista, que enfatiza os fatos como as fronteiras cuja construção cabe ao conhecimento, pois se uma teoria deve tê-los como fundamento, é o seu

---

falada, por lesão cerebral, e sem alteração dos órgãos vocais" [Ferreira, 1986, p. 53]. Consistindo na deterioração da função da linguagem, a afasia se impõe como a dificuldade no que concerne ao ato de nomear pessoas e objetos, convergindo, em suma, para a redução ou perda quase total do poder de captação, manipulação e expressão de palavras como símbolos de pensamentos, implicando em um discurso vago ou vazio. Tratando da afasia como problema lingüístico, eis o esclarecimento de Roman Jakobson [1896-1982]: "Toda forma de distúrbio afásico consiste em alguma deterioração, mais ou menos grave, da faculdade de seleção e substituição, ou da faculdade de combinação e contexto. A primeira afecção envolve deterioração das operações metalingüísticas, ao passo que a segunda altera o poder de preservar a hierarquia das unidades lingüísticas. A relação de similaridade é suprimida no primeiro tipo, a de contigüidade no segundo. A metáfora é incompatível com o distúrbio da similaridade e a metonímia com o distúrbio da contigüidade." [Jakobson, 2008, p. 55]

sentido que emerge como relevante, tendo em vista que a sua consideração [a saber, referente aos dados científicos] implica um elemento teórico, convergindo para a conclusão de que antes de assumirem a condição de fatos observáveis caracterizam-se como fatos hipotéticos, tal como demonstra o exemplo de Galileu Galilei [1564-1642], que, adotando um procedimento que nem sempre se detém nas fronteiras do indutivismo, desenvolve "experiências mentais" através das quais imagina situações que, escapando à possibilidade de verificação experimental, perfazem raciocínios que proporcionam determinados resultados, estabelecendo assim a nova ciência da dinâmica, além da história da matemática que, demandando em sua evolução a ampliação do seu campo e a introdução de números "novos" em seu arcabouço, como os negativos, irracionais e imaginários, em face da absurdez ou impossibilidade com a qual acenam, carregam um mistério insolúvel até Carl Friedrich Gauss [1777-1855] propor uma explicação consistente para a sua existência capaz de eliminar as dúvidas [que invadiram também o campo da geometria diante dos primeiros sistemas não-euclidianos], cuja leitura revela a matemática como uma teoria de *símbolos*, não de coisas.

Se a matemática possibilita a investigação da função geral do pensamento *simbólico*, a sua natureza emerge diante do arcabouço das ideias e ideais éticos, pois se a distinção envolvendo realidade e *possibilidade* se impõe ao entendimento humano, caracterizando a razão teórica, a razão prática não deixa de carregá-la, à medida que torna-se necessário a transposição dos limites do mundo real, que não demanda senão um diálogo com a visão imaginativa, como a perspectiva do mundo irreal para a qual converge a leitura de Platão [427 a.C./347 a.C.], em cuja obra [*República*] se escondem as raízes das teorias éticas e políticas modernas, de Thomas More [*Utopia*] a Rousseau, Montesquieu, Voltaire e Swift, além de Samuel Butler [século XIX]. Conclusão: "É o pensamento simbólico que supera a inércia natural do homem e lhe confere uma nova capacidade, a capacidade de reformular constantemente o seu universo humano."[8]

---

[8]. Cassirer, 2005, p. 104.

I PARTE

DA ORDEM HUMANA: DO PERTENCIMENTO A ESPÉCIE ANIMAL E O *SIMBÓLICO*

Pela linguagem e pelo trabalho o corpo humano deixa de aderir imediatamente ao meio, como o animal adere. Ultrapassa os dados imediatos dos sinais e dos objetos de uso para recriá-los numa dimensão nova. A linguagem e o trabalho revelam que a ação humana não pode ser reduzida à ação vital, expediente engenhoso para alcançar um alvo fixo. A relação sincrética ruma agora para uma *relação sintética*, que nega a exterioridade entre meios e fins. Há um *sentido imanente* que vincula meios e fins, que determina o desenvolvimento da ação como transformação do dado em fins e destes em meios para novos fins, definindo o homem como *agente* histórico propriamente dito. A ordem física é atualidade; a ordem vital é virtualidade; a ordem humana é possibilidade. A estrutura física é presença; a vital, aderência; a humana, relação com a ausência. Com ela inaugura-se a ordem do tempo e a descoberta do possível.[9]

O pertencimento a espécie animal, eis o fato que se impõe à leitura da teoria da cultura, tendo em vista que a existência do homem como organismo reclama, em nome das necessidades básicas [nutritivas, reprodutivas e higiênicas][10], condições que possibilitem a sobrevivência,

---

[9]. Chauí, 2002, pp. 242-243, grifos do autor.

[10] . Necessidades Básicas e Respostas Culturais: **Metabolismo** – Aprovisionamento; **Reprodução** – Parentesco; **Confortos corporais** –

tanto quanto um metabolismo equilibrado, diante de um ambiente que ao mesmo tempo que fornece as matérias-primas que o processo em questão demanda torna-se um perigoso inimigo em função das forças hostis que abriga, problemas cujas respostas, inter-relacionadas, convergem para esboçar a silhueta cultural, segundo Malinowski, que define a expressão natureza humana

> pelo fato de que todos os homens têm de comer, têm de respirar, de dormir, de procriar e de eliminar a matéria rejeitada por seus organismos onde quer que vivam e qualquer que seja o tipo de civilização que pratiquem.[11]

Nessa perspectiva, pois, destacando a inter-relação que envolve as necessidades básicas e as respostas culturais, que abrange, no tocante a toda civilização e a todos os indivíduos, a realização das funções em referência, que guardam relação com as condições ambientes, ao determinismo biológico que, neste sentido, emerge, exercendo influência sobre todas as formas de

---

Abrigo; **Segurança** – Proteção; **Movimento** – Atividades; **Crescimento** – Treinamento; **Saúde** – Higiene. [Malinowski, 1970]

[11]. Malinowski, 1970, p. 76.

comportamento, independentemente do grau de complexidade e nível de organização que detenham, se impõe uma série de sequências vitais[12], que, indispensáveis à funcionalidade do organismo e da comunidade como um todo, constituem "pontos de cristalização" para os processos, produtos e arranjos culturais que em função de cada uma delas são construídos.

Se os problemas suscitados pelas necessidades orgânicas ou básicas do homem e da raça demandam a construção de um novo ambiente, secundário ou artificial, acenando, dessa forma, com a discussão envolvendo a capacidade humana de sobrepor à realidade a *possibilidade*, estabelecendo a distinção entre ambas, à realização de qualquer objetivo se impõe a organização dos seres humanos, um esquema ou estrutura definida cujos principais fatores são universais, a instituição[13], segundo

---

[12]. Exemplo: **Impulso:** Tendência a respirar; aspiração de ar; **Ato:** Inspiração de oxigênio; **Satisfação:** Eliminação de CO^2 dos tecidos. [Malinowski, 1970]

[13]. Eis os princípios de integração, que perfazem os tipos institucionais universais, segundo Malinowski: "1. Reprodução [*Laços de sangue definidos por um contrato legal de casamento e estendidos por um princípio*

Malinowski, fato essencial da cultura, característica da vivencialização e experiencialização humana através dos grupos permanentes estabelecidos sob algum acordo, uma lei ou costume tradicional, havendo uma constante interação envolvendo o organismo e o meio secundário [resultante da manipulação e recomposição do ambiente], o arcabouço do qual, possibilitando-lhe existir e sobreviver, o abriga.

Nessa perspectiva, pois, um conjunto de tipos institucionais, em nome dos princípios de integração que perfazem os problemas universais, se impõe como a fronteira de intersecção de todas as culturas, cada uma das quais não escapando à decomposição em instituições, realidades que convergem para a construção de um arcabouço identitário, de acordo com a leitura de

---

especificamente definido de linhagem no esquema genealógico]; 2. Territorial [*Comunidade de interesses devidos a propinqüidade, contiguidade e possibilidade de cooperação*]; 3. Fisiológico [*Distinções devidas a sexo, idade e estigmas ou sintomas corporais*]; 4. Associações Voluntárias; 5. Ocupacional e Profissional [*A organização de seres humanos por suas atividades especializadas para fim de interesse comum e plena realização de suas capacidades especiais*]; 6. Posição [*rank*] e *Status*; 7. Totalizador [*A integração pela comunidade de cultura ou pelo poder político*]." [Malinowski, 1970, pp. 65-67, grifos do autor]

Malinowski, que pretende definir a relação que envolve uma realização cultural e uma necessidade humana, básica ou derivada, cuja análise, funcional, no caso, caracterizando-se também como institucional, traz a implicação do princípio de organização, acenando com um comportamento que carrega como elemento essencial o *simbolismo*, que "é a modificação do organismo original que possibilita a transformação de uma tendência fisiológica num valor cultural"[14], discussão que corporifica um horizonte que assinala que não é senão nestas fronteiras que a cultura, como um conjunto de símbolos criados por um povo em um determinado tempo e lugar, se sobrepõe à natureza, à medida que a experiência da produção da existência humana engendra um mundo que escapa, enfim, à condição de natural.

> A ordem humana é definida por uma *estrutura simbólica*, que inaugura a *lógica da expressão* presente na percepção, na linguagem e no trabalho. A estrutura na ordem humana é um movimento de transcendência, que põe a existência como o poder para ultrapassar a situação dada por um comportamento

---

[14]. Malinowski, 1970, p. 124.

dirigido para aquilo que está *ausente*.[15]

Se a discussão em questão impõe uma investigação dos fenômenos culturais que envolve do âmbito dos mais simples às fronteiras dos complexos, tanto quanto a identificação das implicações que acenam para a permanência, guardando inevitabilidade em relação a cada fase do comportamento cultural, o conceito de "origens" não emerge senão como as condições mínimas e suficientes que possibilitam a distinção entre as atividades pré-cultural e cultural, convergindo para a perspectiva que assinala que o processo de adaptabilidade envolvendo o homem e seu ambiente carrega, subentendidas, mudanças que dialogam tanto com este último como com o arcabouço orgânico, tornando-se possível, em face do conhecimento que abrange da moderna psicologia de estímulo-resposta ao adestramento animal, da psicologia infantil à prova etnográfica, a reconstrução do conjunto de fatores que se inter-relacionam na transformação do comportamento animal em comportamento cultural, tendo em vista que, além dos macacos, todos os animais que representam, dos

---

[15]. Chauí, 2002, p. 240, grifos do autor.

elefantes às pulgas, tanto quanto os ratos, as cobaias e os cachorros, acenam para a possibilidade de desenvolverem hábitos complexos, a despeito da limitação da sua aprendizagem, demonstrando uma evoluída capacidade que abrange da invenção à utilização de instrumentos que trazem um certo grau de dificuldade, à apreciação de símbolos de valor, enfim, no processo que demanda a satisfação das suas necessidades primárias.

A inter-relação que envolve determinados artifícios e os hábitos individuais, a cuja realização as instrumentalidades em questão se impõem, eis a descoberta dos ancestrais pré-humanos, emergindo como fatores determinantes a existência de uma tendência orgânica que, manifestando-se através de fenômenos como fome, anseio sexual, dor, fuga de perigo iminente, tanto quanto de circunstâncias e condições prejudiciais, reúne necessidades relacionadas à nutrição ou à reprodução, ou aos confortos corporais, a ausência de satisfação dos quais converge para a emergência de uma aparelhagem equivalente, que possibilite, pois, que o objetivo seja alcançado, conforme o demonstra a experiência de Wolfgang Köhler [1887-1967] diante dos chimpanzés em cativeiro, que assinala, no tocante aos antropoides evoluídos ou aos antepassados humanos pré-culturais, a capacidade que abrange da seleção de objetos à imaginação de técnicas no processo que perfaz a ação instrumental.[16]

Escapando à distinção envolvendo o "psíquico" e o "orgânico" e transpondo o âmbito que abrange a introspecção ou o "fluxo de consciência" e o causalismo nervoso e fisiológico, o comportamento humano se impõe como totalidade autorregulada de correspondências carregadas de objetivo imanente, segundo Merleau-Ponty

---

[16]. "Aperfeiçoar os 'meios de trabalho' e os 'meios de comportamento' sob a forma de linguagem e de outros sistemas de signos, ou seja, de instrumentos auxiliares no processo de dominar o comportamento, ocupa o primeiro lugar, superando o desenvolvimento '[d]a mão nua e [d]o intelectos entregues a si mesmos'. Se olharmos para todo o estágio através do qual o macaco ingressa no desenvolvimento do comportamento, temos que dizer que o embrião da atividade de trabalho – o pré-requisito necessário de sua origem – existe no macaco sob forma do desenvolvimento da mão e do intelecto que, tomados conjuntamente, levam ao uso de instrumentos. Contudo, não encontramos no macaco pré-requisitos de autocontrole ou uso de signos, ainda que primitivos. Estes só aparecem no período histórico do desenvolvimento do comportamento humano e constituem o conteúdo principal de toda a história do desenvolvimento cultural." [Vigotski; Luria, 1996, p. 91]

[1908-1961], que desfaz a suposição que o identifica com um mosaico arbitrário que traz em sua constitutividade elementos externos inter-relacionados pela reflexividade ou com uma totalidade que emerge através de um fenômeno teleológico designado como "vida", acenando com um tratamento dialético que o caracteriza como luta e relação [significativa] do corpo com o ambiente, convergindo para a discussão envolvendo a capacidade humana de manter relação com a *ausência*, inaugurando a *"lógica da expressão"* e perfazendo um movimento de transcendência.

> O comportamento é portanto feito de relações, isto é, ele é pensamento e não em si, como qualquer outro objeto, aliás, eis o que nos teria mostrado a reflexão. Mas por essa via curta, nós teríamos perdido o essencial do fenômeno, o paradoxo que dele é constitutivo: o comportamento não é uma coisa, mas também não é uma ideia, ele não é o invólucro de uma pura consciência e, como testemunho de um comportamento, eu não sou uma pura consciência. É justamente o que nós queremos dizer afirmando que ele é uma *forma*.[17]

---

[17]. "Le comportement est donc fait de relations, c'est-à-dire qu'il est pensé et non pas em soi, comme tout autre objet d'ailleurs, voilà ce que nous aurait montré la réflexion. Mais par cette voie courte, nous aurions manqué l'essentiel du phénoméne, le paradoxe qui en est constitutif : le comportement n'est pas une chose, mais il n'est pas davantage une idée, il n'est pas l'enveloppe d'une pure conscience et, comme témoin d'un comportement, je ne suis pas une pure conscience.

À noção de forma como relação de isomorfismo envolvendo ordens distintas de fenômenos se impõem três aspectos simultâneos, a saber, princípio unificante, diferenciante e articulador da unidade e da diferença, a estrutura exprime, sob o primeiro, um processo global e imanente encerrando as forças e os acontecimentos constitutivos da organização física, vital e simbólica, convergindo, sob o segundo, para assinalar que a diferença entre as ordens de fenômenos guarda caráter de imanência à medida que emerge através do modo de distribuição e autorregulação das forças e acontecimentos, acenando, sob o terceiro, com a transição qualitativa do físico ao biológico, tanto quanto deste ao psíquico, em função da articulação que, desfazendo a oposição que envolve exterioridade e interioridade, abrange as aspectualidades em questão e que se caracteriza como um movimento que do âmbito da *lei* [físico], que traz as ações e reações dos campos atuais, se desloca para a esfera da *norma* [biológico], que dialoga com a adaptação do organismo com o meio [esfera de sinais

---

C'est justement ce que nous voulions dire en disant qu'il est une *forme*." [Merleau-Ponty, 1972, p. 138, grifo meu]

atuais e virtuais], configurando-se a "estruturação", enfim, como *sentido* ou relação simbólica com o horizonte que intersecciona a *possibilidade* e a ausência, das quais resulta a transformação da linguagem, do trabalho, da cultura, em suma, em práxis.

> O que há de profundo na "Gestalt" de onde partimos, não é a idéia de significação, mas a de *estrutura*, a junção de uma idéia e de uma existência indiscerníveis, o arranjo contingente pelo qual os materiais se colocam diante de nós como tendo um sentido, a inteligibilidade ao estado nascente.[18]

Se a dimensão expressiva e aberta da totalidade comportamental possibilita a construção de uma perspectiva no âmbito da qual, escapando ao reducionismo das representações do entendimento e ao caráter de exterioridade e alienação, à Natureza se impõe uma relação que, envolvendo organismo e psiquismo, se sobrepõe à leitura mecanicista, emergindo o mundo natural como

---

[18]. "Ce qu'il y a de profond dans la 'Gestalt' d'où nous sommes partis, ce n'est pas l'idée de signification, mais celle de *structure*, la jonction d'une idée et d'une existence indiscernables, l'arrangement contingent par lequel les matériaux se mettent devant nous à avoir un sens, l'intelligibilité à l'état naissant." [Merleau-Ponty, 1972, p. 223, grifo do autor]

campo fenomenal e intersubjetivo, esfera percebida, à medida que, segundo Merleau-Ponty, o corpo não é senão espacialidade e motricidade, que não se mantém sob o horizonte do "eu penso", mas converge para as fronteiras do "eu posso"[19], caracterizando-se como a região que inaugura a estrutura simbólica:

> Com as formas simbólicas, aparece uma conduta que exprime o estímulo por si mesmo, que se abre a verdade e ao valor próprio das coisas, que tende a adequação do significante ao significado, da intenção e daquilo que ela visa. Aqui o comportamento não tem mais um significado, é, ele próprio, significação.[20]

Se individualmente os hábitos se impõem como mecanismos de reforço, estes, por sua vez, estabelecem uma

---

[19]. "A relação entre os movimentos de meu corpo e as 'propriedades' da coisa que eles revelam é aquela do 'eu posso' com as maravilhas que está em seu poder suscitar. No entanto é realmente preciso que meu corpo por sua vez esteja entrosado com o mundo visível: ele deve seu poder justamente ao fato de possuir um lugar *de onde vê*. É portanto uma coisa, mas uma coisa onde resido. Está, pode-se dizer, ao lado do sujeito, mas não é alheio à localidade das coisas: a relação entre ele e elas é a do aqui absoluto com o lá, da origem das distâncias com a distância. É o campo onde se localizaram os meus poderes perceptivos." [Merleau-Ponty, 1991, p. 183, grifos do autor]

[20]. Merleau-Ponty, 1972, p. 133.

relação envolvendo tendência, instrumentalidade e satisfação no arcabouço orgânico individual, convergindo para a conclusão de que o comportamento pré-cultural acena para as fronteiras que encerram os elementos que caracterizam a aprendizagem animal, a saber, artefato, norma e valor, tornando-se a distinção entre hábito e costume o fator determinante da transição das realizações e capacidades pré-culturais para o arcabouço cultural, cujo processo demanda um diálogo envolvendo os princípios da prática individual e a tradição, que acena para a forma, o material, a técnica e o valor de um instrumento, guardando correspondência com a possibilidade de padronização que abrange o conhecimento, a organização e a avaliação que subentende tanto a existência de um grupo quanto, no tocante aos seus membros, o caráter permanente da inter-relação que mantêm em seu seio.

Nesta perspectiva, pois, se o processo cultural inter-relaciona em sua constitutividade três dimensões, a saber, artefatos, grupos organizados e *simbolismo*, as suas origens não guardam correspondência senão com as fronteiras para as quais convergem vários eventos, como "a capacidade de reconhecer objetos instrumentais, a avaliação de sua eficiência técnica, e seu valor, ou seja, seu lugar na sequência intencional, na formação de vínculos sociais e no aparecimento de simbolismo" [21], tal como mantém subentendida a leitura do filme *Ensaio sobre a Cegueira*[22], baseado em livro homônimo de José Saramago[23] [1922-2010], que converge para assinalar a relevância da tendência perspectivacional da visão humana no tocante à construcionalização de um arcabouço que traz o *simbólico* como fundamento e se sobrepõe ao mundo genuinamente físico, natural [que, concernente à vida animal, emerge, pois, como fator de segurança], resultante das experiencializações e vivencializações humanas, que, jamais se esgotando como uma estrutura acabada, completa,

---

[21]. Malinowski, 1970, p. 127.

[22]. Dialogando com a temática que envolve um horizonte que desenha um processo de caotização da estruturalidade social cuja deflagração guarda relação com a proliferação de uma epidemia de cegueira, *Ensaio sobre a Cegueira* põe em questão os valores culturais. [Ensaio sobre a Cegueira, 2008]

[23]. Escritor, argumentista, jornalista, dramaturgo, contista, romancista e poeta português, galardoado com o Prêmio Nobel de Literatura de 1998, autor de, entre outras obras, *Memorial do Convento* [1982], *O Evangelho segundo Jesus Cristo* [1991] e *Todos os nomes* [1997].

perfeita, reclama um movimento que, pressupondo não menos do que integração aos seus liames, não deixa de encerrar a necessidade que implica a sua transformação, cuja possibilidade concorre, através das atividades relacionais que se impõe à sua natureza, distinguindo-a [a saber, a fala e o trabalho], para a noção que remete à aptidão que envolve a adequabilidade às condicionalidades de sua existência e a superação com a qual acena simultaneamente em uma experiência que traz como base a dialética que abrange interiorização e exteriorização, imanência e transcendência, perfazendo a autoprodução da realidade histórico-cultural e econômico-social.

Enfatizando o caráter *simbólico* do arcabouço cultural, a leitura do filme em questão insinua que às raízes da sua construção se impõe o pertencimento a uma espécie animal, para cujas necessidades básicas convergem respostas que, afinal, acenando com um ambiente que transpõe as fronteiras naturais, guardam a possibilidade de dialogar com o *sentido* da existência humana, a desocultação do qual não depende senão da relação que envolvendo o próprio ser consigo mesmo, tanto quanto com o próximo e com o mundo, perfaz um processo de estruturalização que estabelece, em suma, uma intersecção sinonímica entre visão e cegueira, ver e não-ver, visível e invisível.

II PARTE
DO SISTEMA *SIMBÓLICO*

> Sem o simbolismo, a vida do homem seria como a dos prisioneiros na caverna do famoso símile de Platão. A vida do homem ficaria confinada aos limites de suas necessidades biológicas e seus interesses práticos; não teria acesso ao "mundo ideal" que lhe é aberto em diferentes aspectos pela religião, pela arte, pela filosofia e pela ciência.[24]

Se toda e qualquer espécie biológica detém a possibilidade que envolve não somente a adaptação mas também o absoluto ajustamento ao seu ambiente em virtude da disposição em sua estruturalidade de um sistema receptor e um sistema efetuador cuja cooperação, perfazendo o seu círculo funcional, segundo o biólogo Johann von Uexküll [1864-1944], converge para engendrar a sua sobrevivência, dialogando com o horizonte para o qual acena tal perspectiva Cassirer defende que, embora torne-se inescapável à leitura que remete à circunscrição biológica, a vida humana carrega uma característica que emerge para distingui-la, integrando-a a uma nova

---

[24]. Cassirer, 2005, p. 72.

dimensão de realidade, a saber, o sistema *simbólico*.

À inter-relacionalidade que envolve a captação dos estímulos externos e o processo de reação se impõe o sistema *simbólico*, a emergência do qual se caracteriza através da inelutável ruptura que há entre as reações orgânicas e as respostas humanas, convergindo a diferencialização de ambas para o campo que mostra que se as primeiras se manifestam de modo direto e imediato, as segundas demandam um complexo processo de pensamento, possibilitando o homem, à medida que inverte a ordem natural, transpor as fronteiras do arcabouço orgânico, tendo em vista que, menos do que se circunscrever a um mundo meramente físico, é sob o horizonte de um universo *simbólico*, de cujas condicionalidades não pode escapar, que importa desenvolver a sua vida que, tanto no âmbito teórico como no prático, guarda dependência quanto aos liames de uma rede que abrange, em sua estruturalidade constitutiva, da linguagem ao mito, da arte à religião.[25]

---

[25]. Cassirer, 1998a.

O homem não pode mais confrontar-se com a realidade imediatamente; não pode vê-la, por assim dizer, frente a frente. A realidade física parece recuar em proporção ao avanço da atividade simbólica do homem. Em vez de lidar com as próprias coisas o homem está, de certo modo, conversando constantemente consigo mesmo.[26]

Nessa perspectiva, se a própria mitologia guarda relação com uma forma sistemática ou conceitual, embora a sua estruturalidade permaneça à margem do horizonte da racionalidade, e se a linguagem, identificada como a sua raiz, representa apenas uma das leituras daquelas que emergem das suas fronteiras, que inter-relacionam da linguagem conceitual à linguagem emocional, da linguagem científica ou lógica à linguagem da imaginação poética, tendo em vista a sobreposição de sentimentos e afetos aos pensamentos ou ideias em sua expressão, à medida que até a religião, uma vez submetida aos limites da razão [conforme propôs Kant], converge para o âmbito da abstração, não correspondendo à concreticidade da vida religiosa, Cassirer, não deixando de reconhecer que nenhuma atividade humana escapa àquilo que designa

---

[26]. Cassirer, 2005, p. 48.

como "um traço inerente" [a racionalidade, pois], vislumbra a inadequação da definição que se esgota como um imperativo moral fundamental, a saber, *animal rationale*, preferindo antes aquela que sublinha a sua diferença específica, *animal symbolicum*.

Se o pensamento *simbólico* e o comportamento *simbólico* se impõem como características fundamentais da vida humana, à medida que carregam a capacidade de engendrar as condições que viabilizam o progresso cultural, não se questiona a possibilidade dos animais desenvolverem diante dos estímulos uma reação que nem sempre emerge como direta mas indireta, como as experiências de Ivan Pavlov [1849-1936] assinalam através de investigações empíricas referentes aos estímulos representativos, conforme atesta o caso das "recompensas por fichas", que mostra que estas, substituindo os alimentos, no tocante às recompensas, funcionam de forma idêntica, tendo em vista que os macacos antropoides, objetos do estudo experimental de John B. Wolfe [1904-1988], demonstrando tendência à adaptação através da aprendizagem, manifestam o mesmo tipo de reação diante das fichas, caracterizando, em seu comportamento, a emergência dos processos *simbólicos* que, segundo Robert M. Yerkes [1876-1956], convergem para as fronteiras dos processos *simbólicos* humanos, com os quais dialogam como antecedentes.[27]

Se à interpretação dos fatos experimentais se impõem determinados conceitos fundamentais que demandam, em nome da utilização do material empírico em questão, esclarecimento, para cuja perspectiva convergem a psicologia e a psicobiologia modernas, o problema emerge não se caracterizando como simplesmente empírico mas carregando um aspecto lógico, conforme atestam os observadores e pesquisadores empíricos que mais do que os filósofos se detém na busca de sua solução, à medida que a questão que envolve a *linguagem animal* escapa aos fatos da psicologia animal, não havendo possibilidade de que as diversas teses e teorias do referido campo construam o resultado da sua investigação através de uma leitura que se circunscreva a certas formas de comunicação animal e a

---

[27]. Cassirer, 2005.

atividades extraordinárias assimiladas por intermédio de um processo que intersecciona repetição e treinamento.

> O mundo do animal é um mundo sem conceito. Nele nenhuma palavra existe para fixar o idêntico no fluxo dos fenômenos, a mesma espécie na variação dos exemplos, a mesma coisa na diversidade das situações. Mesmo que a recognição seja possível, a identificação está limitada ao que foi predeterminado de maneira vital. No fluxo, nada se acha que se possa determinar como permanente e, no entanto, tudo permanece idêntico, porque não há nenhum saber sólido acerca do passado e nenhum olhar claro mirando o futuro. O animal responde ao nome e não tem um eu, está fechado em si mesmo e, no entanto, abandonado; a cada momento surge uma nova compulsão, nenhuma ideia a transcende.[28]

A uma interpretação natural dos fatos empíricos se impõe, pois, um fundamento lógico, que não emerge senão através da definição da fala que, escapando à condição de um fenômeno simples e uniforme, consiste em diversos elementos que biológica e sistematicamente não se mantêm em um plano idêntico, demandando uma investigação que se detenha na sua organização e inter-relação, estabelecendo a distinção envolvendo as suas camadas geológicas, a primeira das quais acenando para a linguagem das emoções,

---

[28]. Adorno; Horkheimer, 1985, pp. 230-231.

que se caracteriza como essencial, responsável por uma parcela significativa da expressão humana, havendo um tipo de fala em cujo âmbito a palavra transpõe as fronteiras que abrangem uma mera interjeição, uma manifestação involuntária de sentimento, alcançando o horizonte de uma sentença que traz uma distinta estruturalidade sintática e lógica, a despeito de que os liames da relação entre a linguagem teórica e o material emocional jamais sofrem uma ruptura absoluta.

Se a escala de *fonética* dos chimpanzés, segundo a investigação de Köhler, caracteriza-se como "subjetiva", cumprindo uma função que se circunscreve à expressão de emoções[29], não alcançando a designação ou a descrição de

---

[29] . Detendo um "repertório" de elementos sonoros que guarda correspondência com o conjunto que caracteriza a fonética do homem, o que se impõe aos antropoides é uma produção de sons que converge para as fronteiras da linguagem emocional, cujo tipo, não se circunscrevendo à esfera da espécie, alcança os animais portadores de um aparelho fonador, conforme esclarece Vigotski [1896-1934], que afirma que "a relação da produção de sons com gestos emocionais expressivos, ao tornar-se especialmente nítida no momento de forte excitação afetiva do chimpanzé, não constitui nenhuma peculiaridade específica dos antropoides; ao contrário, é antes um traço muito comum aos animais dotados de aparelho fonador [...]." [Vigotski, 2001, p. 126]

objetos, que escapam também aos gestos faciais e corporais, e à manifestação através dos sons, diante da inter-relação que envolve os seus elementos fonéticos e as linguagens humanas não se impõe outra conclusão senão de que a ausência de fala articulada não guarda correspondência com as limitações secundárias [glossolabiais], pois se a gesticulação possibilita a exteriorização de fenômenos como raiva, terror, desespero, pesar, súplica, desejo, brincadeira e prazer, não há nenhuma referência ou sentido objetivo. Conclusão: "A diferença entre a *linguagem proposicional* e a *linguagem emocional* é a verdadeira fronteira entre o mundo humano e o mundo animal."[30]

A impossibilidade de transição da linguagem subjetiva [afetiva] à objetiva [proposicional], eis a discussão para a qual converge a investigação em questão no tocante ao animal, que não alcançando a fala, nem tampouco os indispensáveis componentes do pensamento designados como imagens, não tem qualquer condição de realizar o seu

---

[30]. Cassirer, 2005, p. 55, grifos do autor.

desenvolvimento cultural, conforme defende Köhler [31], tanto quanto Géza Révész [1878-1955], que entende a fala como um conceito antropológico, assumindo Yerkes uma perspectiva que assinala, concernente à linguagem e ao *simbolismo*, a existência de uma relação profunda entre os homens e os macacos antropoides, acenando para um estágio filogenético anterior que, caracterizado por outros tipos de sinalização, abrange a evolução do processo *simbólico*, embora predomine o aspecto pré-linguístico nessas expressões funcionais, que não guardam nenhuma

---

[31]. Se o trabalho de Köehler se circunscreve à análise de "observações fatuais", se lhe escapando a construção de uma "teoria do comportamento intelectual", segundo a perspectiva de Vigotski, o que se lhe impõe é a conclusão, no que concerne ao tipo e à espécie de comportamento intelectual, acerca da correspondência envolvendo o chimpanzé e o homem, não alcançando os antropoides a condição que caracteriza este último em face da questão que implica a linguagem e as imagens [representações], cujas ausência e restrições se impõem como um abismo entre ambos, convergindo as referidas experiências para as fronteiras que encerram "uma prova absolutamente clara que os rudimentos do intelecto, ou seja, do pensamento na própria acepção da palavra, surgem nos animais independentemente do desenvolvimento da linguagem e não têm nenhuma relação com o seu êxito. Os 'inventos' dos macacos, traduzidos no preparo e no emprego de instrumentos e na aplicação 'de vias alternativas' na solução de tarefas, constituem uma fase absolutamente indiscutível no desenvolvimento do pensamento, mas uma fase de pré-linguagem." [Vigotski, 2001, p. 112]

correspondência com os fenômenos cognitivos humanos, jamais remetendo a estes, posto que excessivamente rudimentares.[32]

Se a análise lógica da fala humana acena para um elemento que escapa ao mundo animal, um evento do tipo de uma criação original se impõe como uma possibilidade com a qual dialoga a teoria da evolução que, no âmbito dos fenômenos de natureza orgânica, não deixa de convergir para as fronteiras que assinalam uma mutação súbita e um progresso emergente, tendo em vista que, não mais se circunscrevendo a biologia moderna à perspectiva que caracteriza o darwinismo primitivo, a leitura que admite

---

[32]. Tendo em vista que "a única coisa que sabemos com certeza objetiva é que não possuem 'ideação', mas em certas condições, são capazes de fazer instrumentos muito simples e recorrer a 'artifícios'. Não estamos querendo dizer que a existência de 'ideação' seja condição indispensável ao surgimento da linguagem. Essa é uma questão futura. Mas para Yerkes não há dúvida de que existe uma ligação entre a hipótese da 'ideação', como forma básica de atividade intelectual dos antropóides, e a afirmação de que a fala humana é acessível a eles. Essa relação é tão evidente e tão importante que basta desmoronar a teoria da 'ideação', ou seja, basta que se adote outra teoria do comportamento intelectual do chimpanzé para que, com ela, desmorone também a tese do acesso do chimpanzé a uma linguagem semelhante à do homem." [Vigotski, 2001, p. 122]

um significativo desenvolvimento no tocante aos processos *simbólicos* alcança relevância, como no caso dos macacos antropoides, os quais, no entanto, não tocam o universo humano, pois se o comportamento animal carrega sistemas complexos de signos e sinais, demonstrando uma extrema suscetibilidade diante destes, conforme exemplifica a capacidade dos animais domésticos de distinguir as expressões do rosto ou as modulações da voz do homem, não há comparação entre tais fenômenos e a compreensão da fala simbólica.

Nesta perspectiva, pois, se os animais guardam a possibilidade de reagir não apenas diante dos estímulos diretos mas também em relação àqueles que emergem como mediatos ou representativos, dependendo do tipo de treinamento proposto, como no caso da construção de um "sinal de jantar" através de uma campainha que, alterando uma determinada situação alimentar, torna-se um novo elemento que configura uma autorização para comer – sem cujo sinal a mesma permanece suspensa –, impõe-se, à medida que os fenômenos que se caracterizam como reflexos condicionados se contrapõem ao âmbito do pensamento *simbólico* humano, uma distinção envolvendo sinais e símbolos, a saber:

> Os símbolos – no sentido próprio do termo – não podem ser reduzidos a meros sinais. Sinais e símbolos pertencem a dois universos diferentes de discurso: um sinal faz parte do mundo físico do ser; um símbolo é parte do mundo humano do significado. Os sinais são "operadores" e os símbolos são "designadores". Os sinais, mesmo quando entendidos e usados como tais, têm mesmo assim uma espécie de ser físico ou substancial; os símbolos têm apenas um valor funcional.[33]

O problema que envolve a *inteligência dos animais*, para cujas fronteiras converge a leitura em referência, emerge como um enigma no arcabouço da filosofia antropológica, tendo em vista a ambiguidade e a indeterminação que o próprio termo carrega, acenando os metafísicos e cientistas, naturalistas e teólogos, para sentidos prenhes de contradição, negando os psicólogos e psicobiologistas a possibilidade de diálogo quanto à temática em questão à medida que vislumbram somente o automatismo como explicação para a comportamentalidade dos animais, que, no entanto, no caso dos superiores,

---

[33]. Cassirer, 2005, p. 58.

demonstram a capacidade de engendrar soluções que escapam ao mecanicismo que determina a relação desenvolvida através de tentativa e erro, mostrando reações que trazem como fundamento a compreensão, não a casualidade.

III PARTE
A ATIVIDADE ANIMAL E A INTELIGÊNCIA

> O chimpanzé que aprende a empregar um ramo de árvore para atingir seu objetivo só o faz comumente se os dois objetos puderem ser vistos num só olhar, se estão em *contato visual*. Ele não vê o ramo de árvore como *bastão possível* a não ser que ele se ofereça no mesmo campo visual onde figura também o objetivo. É dizer que esse *sentido novo* do ramo é um feixe de intenções práticas que o reúnem ao objetivo, à iminência de um gesto, ao index de uma manipulação. Ela nasce sobre o circuito do desejo, entre o corpo e o que procura, e o ramo de árvore só se vem intercalar nesse trajeto porque o facilita, não conserva todas as suas propriedades de ramo de árvore.[34]

Aos insetos, cuja existência se circunscreve aos graus inferiores da escala zoológica de desenvolvimento, se impõe uma ação que intersecciona reflexividade e instintividade, acenando para o fundamento da legislação biológica, que, caracterizando-se como invariável, guarda relação de identidade no âmbito da espécie, convergindo para uma aparência de perfeição à medida que a especialização engendra resultados que emergem através de uma execução que carrega indícios de uma extrema habilidade, escapando tais atos, no entanto, à possibilidade de renovação, tendo

---

[34]. Merleau-Ponty, 1974, p. 114, grifos do autor.

em vista que, não detendo em si uma carga historial, a capacidade de modificação não transpõe as fronteiras da evolução e das mutações genéticas, configurando-se tão-somente como um legado hereditário que, envolvendo a totalidade dos indivíduos, não se inclina à inovação, padronizando, enfim, o seu comportamento.

> Os psicólogos mostram que uma caixa é para um chimpanzé ou meio de se sentar ou meio de subir, mas não os dois ao mesmo tempo. Basta que um congênere esteja sentado sobre a caixa para o chimpanzé parar de tratá-la como meio de subir. É dizer que a significação que habita essas condutas é como que viscosa, adere à distribuição fortuita dos objetos, só é significação para um corpo engajado em tal momento em tal tarefa. A significação da linguagem, no momento em que nós a aprendemos, parece ao contrário se liberar de qualquer tarefa.[35]

Guardando a faculdade de escapar ao início da vida do indivíduo de uma determinada espécie, a emergência de um ato inato se impõe, em certos casos, no decorrer do seu desenvolvimento, carregando a instintividade a prerrogativa de ignorar o objetivo do próprio exercício, caracterizando-se o comportamento que se mantém sob o seu governo como "cego" à medida que não detém o *sentido* que o determina,

---

[35]. Merleau-Ponty, 1974, p. 114.

contrapondo-se àquela atividade que existe como *possibilidade* primeiramente, e cuja execução, tendo em vista os fins propostos, demanda a seleção dos meios necessários, tornando-se o resultado da inter-relação dos mesmos, a saber, a ação humana voluntária, consciente da finalidade.

Transpondo as fronteiras que envolvem reflexividade e instintividade, a ação que emerge através de uma existência que alcança os mais altos níveis da escala zoológica escapa à rigidez de uma programação biológica, acenando com a capacidade de adaptabilidade às condições do meio, característica do comportamento inteligente, que carrega, pois, como tal, diante de um problema ou de uma situação nova, a possibilidade de construir uma experiência prenhe de improvisação, pessoalidade e criatividade, que, no entanto, conforme demonstra o caso dos chimpanzés, se circunscreve ao âmbito vivencial que se detém no "aqui e agora" à medida que o tempo escapa ao ato que, não dominando-o, esgota-se em seu movimento, destituído da sequencialidade e do significado que constituem a relação experiencial propriamente dita.

O que faz falta no animal, é o *comportamento simbólico* que lhe seria necessário para encontrar no objeto exterior, sob a diversidade de seus aspectos, um invariante comparável ao invariante imediatamente dado do corpo próprio, e para tratar reciprocamente seu próprio corpo como um objeto entre os objetos.[36]

Guardando distinção em relação à instintividade em virtude da flexibilidade das respostas que propõe e da variabilidade que carrega, a inteligência em questão, no entanto, se detém nas fronteiras que a caracterizam como concreta, convergindo para um certo grau de complexidade que envolve a organização das "sociedades" de determinados animais, que demonstram capacidade de aprendizagem e ensino no que concerne às demandas de adaptabilidade e formas de sobrevivência que se impõem às situações novas, cujo processo, todavia, não alcança o resultado que através da transformação para a qual a atividade humana acena o arcabouço cultural carrega,

---

[36]. "Ce qui fait défaut à l'animal, c'est bien le *comportement symbolique* qui lui serait nécessaire pour trouver dans l'objet extérieur, sous la diversité de ses aspects, un invariant comparable à l'invariant immédiatement donné du corps propre, et pour traiter réciproquement son propre corps comme un objet parmi les objets." [Merleau-Ponty, 1972, p. 128, grifos meus]

corporificando o fundamento da inteligência abstrata, a saber, o poder do *símbolo*, a justificativa quanto à diferenciação em referência.

> Para o chimpanzé, o galho-de-árvore-transformado-em-bastão volta a ser um mero galho de árvore após seu uso. Para o homem, o galho-de-árvore-transformado-em-bastão adquire a forma de um instrumento de trabalho que permanece, desde que seja reposto pelo processo de trabalho, de sorte que o galho de árvore *dado* desaparece no bastão *criado*. A estrutura humana não é um comportamento por sinais (atuais ou virtuais) e sim uma ação por símbolos (presentificação de uma ausência), portanto, é relação com o ausente e com o possível, e, por conseguinte, é essencialmente temporal ou histórica.[37]

Capacidade de adaptabilidade ao ambiente imediato, eis a definição de inteligência que, nessa perspectiva, cabe aos animais, cujas reações não se circunscrevem aos estímulos imediatos, guardando indícios que carregam toda espécie de desvios e alterações, chegando a deter a possibilidade de inventar instrumentos para a consecução dos seus propósitos, sintomatizando uma imaginação criativa ou construtiva, a despeito do abismo que se impõe entre o seu mundo, que emerge através de uma imaginação

---

[37]. Chauí, 2002, pp. 243-244, grifos do autor.

e uma inteligência de caráter prático, e o universo humano, que acena com o horizonte *simbólico*, alcançando relevância esse aspecto da questão na transição que, no desenvolvimento mental individual, acontece entre ambas, a saber, a atitude prática e a atitude *simbólica*, conforme atestam os casos de Laura Bridgman[38] e Helen Keller[39], os quais, objetos da literatura psicológica, identificam a etapa fundamental do processo que, detendo-se inicialmente na utilização de sinais e pantomimas, converge para as fronteiras das palavras, dos *símbolos*, enfim.

Se no caso de Helen Keller o domínio da realidade

---

[38]. Tendo nascido sem qualquer deficiência, a estadunidense *Laura Dewey Bridgman* [1829-1889] adoeceu com escarlatina aos dois anos de idade e perdeu a visão e a audição, tornando-se a primeira mulher surdo-cega a estudar significativamente a língua inglesa. Foi professora de *Anne Sullivan*.

[39]. Perdendo subitamente a visão e a audição aos dezoito meses de idade em virtude de uma doença diagnosticada na época como febre cerebral [provavelmente escarlatina], *Helen Adams Keller* [1880-1968] foi uma escritora, conferencista e ativista social estadunidense que se tornou uma personagem famosa pelo extenso trabalho que desenvolveu em favor das pessoas portadoras de deficiência. *Anne Sullivan* foi sua professora, companheira e protetora. A história do encontro entre as duas é contada na peça *The Miracle Worker*, de William Gibson, que se transformou no filme *O Milagre de Anne Sullivan* [1962], dirigido por *Arthur Penn* [*O Milagre de Helen Keller*, em Portugal].

guardava correspondência com uma aprendizagem que se limitava a estabelecer uma combinação envolvendo uma determinada coisa ou evento e um sinal do alfabeto manual [impressão táctil], a compreensão do significado da fala humana, que transpõe as fronteiras em questão, demanda a descoberta do nome, convergindo para a conclusão de que a função *simbólica* emerge como um princípio de aplicabilidade universal que se impõe à totalidade do pensamento humano, à medida que as palavras escapam ao âmbito de simples sinais ou signos mecânicos, alcançando uma instrumentalidade que possibilita a construção de um novo horizonte intelectual, com o qual dialoga também Laura Bridgman, cuja história revela que, detendo-se inicialmente no alfabeto de dedos, o seu desenvolvimento mental, intelectual, não ocorre senão no instante em que o entendimento toca o umbral do *simbolismo*, que assegura, como uma "chave mágica", as condições de acesso ao mundo especificamente humano, a saber, o arcabouço da cultura humana.

Se o caráter específico da cultura humana, como os seus valores morais e intelectuais, não emerge senão de sua forma, que se inclina à expressão através de qualquer material dos sentidos, embora a linguagem vocal se sobreponha tecnicamente à linguagem táctil, a utilização desta última, substituindo aquela, não se caracteriza como obstáculo diante do desenvolvimento do pensamento *simbólico*, como os casos supracitados assinalam, sublinhando a imprescindibilidade quanto à apreensão do *sentido* da linguagem humana, que demonstra que a possibilidade de construção do mundo *simbólico* não se esgota na capacidade dos dados utilizados, tendo em vista que o que alcança relevância, mais do que os elementos individuais, é a sua função geral como estrutura arquitetônica, conforme defende Cassirer, que esclarece: "No domínio da fala, é a função simbólica geral dos sinais materiais que lhes dá vida e os 'faz falar'. Sem esse princípio vivificador, o mundo humano permaneceria de fato surdo e mudo."[40]

À aplicabilidade geral, à universalidade, prerrogativa do *simbolismo* humano, se impõe, como correlato necessário,

---

[40]. Cassirer, 2005, p. 64.

a sua variabilidade, tendo em vista um mesmo sentido carregar uma possibilidade de expressão que abrange uma diversidade de línguas, tanto quanto, no âmbito de uma apenas, a capacidade de não restringir a sua manifestação a determinados termos, mas, extrapolando-os, dialoga com vocábulos absolutamente distintos, enquanto que um sinal ou signo, encerrando a acepção de uma coisa que, sob algum aspecto, está em lugar de outra, acena com a rigidez e a inflexibilidade, guardando relação com a coisa ou evento ao qual se refere através de um modo caracterizado como fixo e singular, diferentemente da versatilidade de um *símbolo* humano genuíno, cuja mobilidade, no entanto, emerge como uma realização recente da evolução intelectual e cultural, posto que a mentalidade primitiva o interpretava como uma propriedade da coisa, princípio que se aplicava também às ações *simbólicas* que, por intermédio de um rito religioso, para produzirem o efeito proposto, dependia do seu poder de conservar a invariabilidade.

Se a simples percepção das relações não se impõe como uma especificidade da consciência humana, visto que, não pressupondo um ato de pensamento lógico ou abstrato, emerge como um princípio que acena também com o mundo animal, que carrega os elementos estruturais fundamentais implicados nos processos perceptuais, um complexo sistema de *símbolos* torna-se imprescindível para o engendramento do pensamento relacional que, no caso humano, se distingue pelo poder de considerar as relações em seu significado abstrato, "em si mesmas", como o exemplifica a geometria, o estudo da qual, não demandando a apreensão de figuras concretas individuais, coisas físicas ou objetos da percepção mas um arcabouço *simbólico* adequado, se detém antes, em razão disso, nas relações espaciais universais, realização cuja possibilidade guarda correspondência com o universo da linguagem humana, tendo em vista que, no tocante aos animais, que se mantêm à margem do âmbito em referência, as operações de abstração ou generalização não se desenvolvem senão de forma rudimentar e imperfeita.[41]

---

[41]. Escapando ao *símbolo* que, emergindo por intermédio de uma conexão formal ou convencional que não guarda correspondência com qualquer aspecto físico do signo ou do objeto, detém universalidade, versatilidade e flexibilidade, distinguindo a linguagem humana, a linguagem do animal se mantém circunscrita ao *índice*, cuja mediação

Identificando a fala como um processo, uma função geral da mente humana, Johann Gottfried von Herder [1744-1803], contrapondo-se, no tocante à linguagem, a tese metafísica ou teológica que acena para uma origem sobrenatural ou divina, investigando a sua natureza, sublinha o pensamento reflexivo, que emerge como a capacidade humana de distinguir determinados elementos fixos, isolando-os e tornando-os alvo de atenção, cuja teoria, escapando a uma observação de fatos empíricos, converge para as fronteiras da especulação, a despeito de conter dados lógicos e psicológicos relevantes, conforme o comprova a investigação da psicopatologia da linguagem que, detendo-se nas consequências da perda ou limitação grave da fala, ocasionada através de danos cerebrais, alcança a conclusão de que o fenômeno em referência traz consigo alterações que envolvem a totalidade do comportamento humano, comprometendo a personalidade, tendo em vista a perda do domínio dos universais e da compreensão do

---

implica conexões físicas ou temporais entre o signo e o objeto, convergindo para uma correlação objetiva envolvendo ambos que se lhe caracteriza através de uma forma fixa e única, conforme a perspectiva que se impõe à leitura de Charles Peirce, que estabelece em sua obra a diferenciação entre *ícones*, *índices* e *símbolos*. [Peirce, 2005]

abstrato, que, afinal, mostra o liame de dependência do pensamento reflexivo em relação ao arcabouço *simbólico*.

CAPÍTULO 2
DO PENSAMENTO MÍTICO

A humanidade não poderia começar com o pensamento abstrato ou com uma linguagem racional. Tinha de passar pela era da linguagem simbólica do mito e da poesia. As primeiras nações não pensavam por conceitos, mas por imagens poéticas; falavam por fábulas e escreviam em hieróglifos.[42]

Escapando à análise que envolve o tema da imaginação mítica e do pensamento religioso, a investigação de Cassirer se detém na leitura da sua forma, convergindo para um horizonte que assinala a inexistência de qualquer fenômeno de caráter natural, tanto quanto envolvendo a vida humana, que não reclame uma interpretação mítica, tornando-se insustentável a unificação das suas ideias, a despeito da homogeneidade que caracteriza a construção dos mitos, perspectiva que se aplica também à história da religião à medida que, se carregam estruturas elementares para as quais convergem as diversas vertentes civilizatórias, independentemente das diferenças das suas condições culturais e sociais, transpondo o âmbito

---

[42]. Cassirer, 2005, p. 251.

das questões conteudísticas, inconciliáveis entre si, a constituição específica do sentimento religioso, assim como a unidade interna do seu pensamento, o seu princípio subjacente, em suma, que remete à atividade simbólica, se impõe como inalterável.

Caracterizado como não-teórico em seu próprio sentido e essência, o mito escapa ao horizonte que envolve as categorias fundamentais de pensamento, pois a sua lógica não se inclina diante de quaisquer concepções de verdade empírica ou científica, a despeito da tentativa da filosofia de empreender o desocultamento do seu sentido, como no caso da interpretação alegórica, instaurada pelos estoicos, que teve preeminência durante a Idade Média sendo utilizada até o início da era moderna, cujos métodos convergem para a negação dos fenômenos do mundo mítico à medida que este emerge como uma estrutura artificial, tornando-se "um mero faz-de-conta", não uma crença. "Embora o mito seja fictício, trata-se de uma ficção inconsciente, e não consciente. A mente primitiva não tinha consciência do sentido de suas próprias criações."[43]

A classificação tanto dos objetos como dos motivos do pensamento mítico, eis o horizonte para o qual deve convergir a análise científica à medida que pretenda revelar o sentido que carrega, objetivo que, segundo Cassirer, uma teoria poderá alcançar se porventura através do processo de simplificação que instaurar "descobrir um único objeto ou um único motivo que contenha e abranja todos os demais"[44], como a etnologia e a psicologia modernas tentaram empreender, pressupondo, em suma, a necessidade quanto à construção de um eixo de referencialidade para o mundo mítico, convergindo para uma metodologia que assinala, enfim, que o entendimento deste guarda relação com um processo de redução intelectual.

Estabelecendo uma inter-relação envolvendo um elemento teórico e um elemento de criação artística, o mito guarda imbricação com a poesia, cuja construção, sob a

---

[43]. Cassirer, 2005, pp. 124-125.

[44]. Cassirer, 2005, p. 125.

perspectiva moderna, traz como fundamento a "massa" daquele, emergindo através de um processo de diferenciação e especialização, à medida que "a mente do criador é o protótipo; e a mente do poeta... ainda é essencialmente mitopoética"[45], havendo uma conexão genética a despeito da qual se impõe uma diferença específica que acena com o horizonte kantiano que afirma que a contemplação estética se mantém totalmente indiferente à existência ou não-existência de seu objeto, relação que escapa à imaginação mítica, que implica efetivamente um ato de crença que envolve, pois, a realidade daquele, constituindo-se "sempre, portanto, a narrativa de uma 'criação'", à medida que "relata de que modo algo foi produzido e começou a ser", falando "apenas do que realmente ocorreu, do que se manifestou plenamente", segundo Mircea Eliade, que esclarece que

> [...] o mito é considerado uma história sagrada e, portanto, uma "história verdadeira", porque sempre se refere a *realidades*. O mito cosmogônico é "verdadeiro" porque a existência do Mundo aí está para prová-lo; o mito da origem da morte é igualmente "verdadeiro" porque é provado pela mortalidade do

---

[45]. Cassirer, 2005, p. 126.

homem, e assim por diante.[46]

Nessa perspectiva, Cassirer identifica a possibilidade de construir uma intersecção envolvendo o pensamento mítico e o pensamento científico, carregando a magia em seus fins, independentemente dos seus meios, o mesmo caráter, convergindo para a conclusão de que, sob a leitura teórica, embora emergindo na prática como uma "ciência elusiva", uma "pseudociência", em suma, se impõe como ciência, tendo em vista o pressuposto de que na natureza há uma relação sequencial necessária e invariável, excluindo a intervenção de qualquer agente espiritual ou pessoal, à medida que não é outra a convicção que se põe senão aquela que assinala a operação de leis imutáveis que agem mecanicamente. "Logo, a magia é fé: implícita, mas real e firme, na ordem e uniformidade da natureza."[47]

Se a leitura de Cassirer converge para as fronteiras que indicam a impossibilidade de submeter o mito a um processo de redutibilidade à determinados elementos

---

[46]. Eliade, 1972, p. 12, grifo do autor.

[47]. Cassirer, 2005, p. 127.

estáticos fixos, a necessidade de apreendê-lo em sua vida interior, em seu princípio dinâmico, se impõe, tornando-se imprescindível uma abordagem que envolva a dupla face que o caracteriza, a saber, a estrutura conceitual e a estrutura perceptual, à medida que não se constitui como uma simples massa de ideias desorganizadas, dependendo, antes, de um modo de percepção definido, tendo em vista que percebe o mundo de forma diferente, julgando-o e interpretando-o à sua maneira específica.

I PARTE
DA RELAÇÃO ENTRE MITO E SENSIBILIDADE

> A realidade natural não é multiplicidade plana de coisas nem caos, mas mundo sensível, que não é um fim nem uma ideia reguladora, mas ser à distância, fulguração, em cada aqui e agora, de uma promessa indefinida de experiências. Não é espaço geométrico, mas topológico, onde há o "alto" celeste e da moral elevada, o "baixo" infernal e da baixeza de caráter, o "lado" esquerdo agourento e o "lado" direito dos bons augúrios. Não possui propriedades métricas, pois perto e longe nascem da nossa pressa, fadiga ou esperança; aberto e fechado exprime nossa ousadia ou pavor. Traz essências afetivas como o lugar onde nascemos, onde mortos queridos estão enterrados, onde um amor começou ou terminou, onde uma guerra aconteceu. É antropológico, mítico e onírico; pode ser paranóico ou esquizofrênico. Não é a *facies totius universi* de Espinosa, mas mistério absoluto, pois além de cada paisagem e de cada horizonte só há outra paisagem e outro horizonte.[48]

Linguagem da sensibilidade e da imaginação, eis o que se impõe à leitura do mito, fundamento do seu impulso, base da sua criação, que converge para a inexauribilidade, que envolve, segundo a perspectiva de Eudoro de Sousa, religião e natureza na presença do passado, cuja circunscrição não se inclina aos poderes discricionários do homem iluminado pelo mito teândrico

---

[48]. Chauí, 2002, p. 69.

que, engendrando a presença do presente, estabelece a divisão da natureza em natural e sobrenatural.

"O mito está para a sensibilidade como a ciência (generaliter) está para a inteligibilidade"[49], eis a inter-relação que se impõe, mostrando que assim como o mítico acena para uma transcendência, a metafísica guarda correspondência com outra que, em contraposição, emerge na oposição que envolve mito-linguagem da sensibilidade e ciência-linguagem da inteligibilidade.

Correlacionando mito e sensibilidade, implicando o descuido da existência daquele ao não cuidado da existência desta última, o mito emerge como linguagem de transcendência do sensível, que escapa àquela que se procura alcançar através do sentido que o inteligível persegue e não se impõe senão como o "sem-fim da própria sensibilidade", carregando o valor e o alcance do mítico, nessa perspectiva, uma base inabalável, que guarda raízes, pois, nas fronteiras que encerram a sensibilidade e a imaginação, cuja faculdade, não se circunscrevendo à

---

[49]. Sousa, 1981, p. 53.

capacidade que possibilita a formação de imagens da realidade, perfaz, conforme esclarece Gaston Bachelard, "a faculdade de formar imagens que ultrapassam a realidade, que *cantam* a realidade"[50], consistindo, pois, em "uma faculdade de sobre-humanidade."[51]

> 'Ter imaginação' é gozar de uma riqueza interior, de um fluxo ininterrupto e espontâneo de imagens. Mas espontaneidade não significa invenção arbitrária. Etimologicamente, 'imaginação' é solidária com *imago*, 'representação, imitação' e com *imitor*, 'imitar, reproduzir'. Desta vez a etimologia faz eco tanto das realidades psicológicas como da verdade espiritual. A imaginação imita modelos exemplares – as Imagens – reprodu-las, reatualiza-as, repete-as sem fim. Ter imaginação, é ver o mundo na sua totalidade; pois o poder e a missão das imagens consistem em *mostrar* tudo o que permanece refratário ao conceito.[52]

Emergindo como pesadelo da *philomythia*, a alegoria se esgota através da verbosa diluição do seu étimo [*állos*,

---

[50]. Bachelard, 1997, p. 18, grifo do autor.

[51]. Eis o sentido atribuído à imaginação pela perspectiva de Bachelard, que se sobrepõe à concepção que envolve a possibilidade de evocar ou produzir imagens através de uma forma que não guarda dependência em relação à presença do objeto que se lhe impõe, conforme a definição para a qual converge, em suma, a leitura aristotélica, que a distingue da sensação e da opinião e a interpreta sob a acepção de uma mudança originada pela sensação.

[52]. Eliade, 1979, pp. 20-21, grifos do autor.

"outro", *agoreúein*, "dizer": "dizer outra coisa"], como o expõe Eudoro de Sousa, que explica que, baseado na suposição que identifica o mito como máscara, uma possibilidade, incorre no equívoco de procurar outra coisa atrás dela, onde não há nada, impondo-se, em suma, como transcendência do sensível [no *sensível*[53], aquém de todos os limites da sensibilidade, não pelo inteligível, que redundaria, pois, em falsidade], leitura que acena com a origem e essência do termo em questão à medida que a exegese alegórica se apresenta como um recurso à inteligibilidade, incapaz, como razão discursiva, de reter em sua rede a ambiência do mítico.[54]

---

[53]. "Não há mundo inteligível, *há* mundo sensível.
(Mas também o que é este *há* do mundo sensível, da natureza?)
O sensível é precisamente o meio em que pode existir o *ser* sem que tenha que ser posto; a aparência sensível do sensível, a persuasão silenciosa do sensível é o único meio de o Ser manifestar-se sem tornar-se positividade, sem cessar de ser ambíguo e transcendente." [Merleau-Ponty, 2003, p. 199, grifos do autor]

[54]. "Já que os mitos não eram mais compreendidos literalmente, buscavam-se neles as ὑπόνοιαι (*hypónoiai*), isto é, as *suposições*, as *significações ocultas*, os *subentendidos*. Foi isto que, a partir do século I p.C., se denominou *alegoria*, que significa, etimologicamente, 'dizer outra coisa', ou seja, o desvio do sentido próprio para uma acepção translata, ou mais claramente: *alegoria* é 'uma espécie de máscara

A transposição do limite-liminar da inteligibilidade, à medida que perde a sua ambiência natural, acarreta a morte do mito na alegoria, entendida como "a impossível emergência da sensibilidade na inteligibilidade que a recusa"[55], pois embora haja uma intersecção e uma interpenetração envolvendo espírito e natureza, a relação envolvendo inteligibilidade e sensibilidade não se mantém sob o mesmo horizonte, como exemplifica Eudoro de Sousa:

> Naquela árvore que avisto da minha janela, está a ideia de árvore; mas estará na ideia de árvore, aquela árvore? Vive aquela árvore, na sua abstração? No que dela se extraiu, que, afinal, foi ela, em sua sensível singularidade? Bem sei que as ideias platônicas nos querem tirar desta situação vexatória, na medida em que não se dão por abstrações; mas fazem-no à custa de me convencerem, ou de me quererem convencer de que aquela árvore é sombra, e apenas sombra, da árvore-ideia. Também sei que Platão não disse a última palavra, mas, dissesse-a ou não, a metafísica sempre deu por certo que inteligibilidade e sensibilidade se intensificam, se adensam e condensam, prosseguindo por caminhos que se encaminham em sentidos opostos.[56]

---

aplicada pelo autor à idéia que se propõe explicar'." [Brandão, 1986, p. 31, grifos do autor]

[55]. Sousa, 1981, p. 54.

[56]. Sousa, 1981, pp. 54-55.

Se o adensamento e a condensação do mito acontece através de um aprofundamento na sensibilidade, a filosofia não gera senão a "alegorese", ambas guardando raízes de intersecção envolvendo lugar e tempo de nascimento, produzindo a inversão, nas fronteiras da inteligibilidade, concernente à significação do sensível [57], segundo a perspectiva de Eudoro de Sousa que, dialogando com Friedrich Schelling [1775-1854], identifica a natureza como espírito visível, mas não só em sua inteligibilidade, pois se a natureza inteligível se circunscreve ao âmbito da natureza "natural", presente à presença do presente, a natureza "natural" se impõe como uma alegoria da natureza que, por sua vez, se inclina aos inflexíveis propósitos da vontade de apropriação, característica do homem da historicidade, criado pelo mito teândrico.

---

[57]. "- O sensível é isso: essa possibilidade de ser evidente em silêncio, de ser subentendido, e a pretendida positividade do mundo sensível (quando a perscrutamos até suas raízes, quando se ultrapassa o sensível empírico, o sensível segundo de nossa 'representação', quando se desvela o Ser da Natureza) prova ser justamente um *inatingível*, só se vê finalmente num sentido pleno a totalidade onde são recortados os sensíveis." [Merleau-Ponty, 2003, p. 199, grifo do autor]

Supondo expropriação, que traz como objeto a natureza presente à presença do passado, a apropriação, envolvendo o "natural", se impõe ao homem presente à presença do presente, pagando a alegoria com moeda falsa o custo daquela operação, emergindo a inesgotabilidade da natureza através do fato que, a despeito da expropriação do quanto e do quer que seja, assinala que sempre resta parte que é seu todo, a saber, o mito, "tão 'igual por dentro ao silêncio', quanto a Noite", *análogon* que não se dispõe como único caracterizando a relação de semelhança entre ambos, pois os liames relacionais que interseccionam o Mito [da natureza] e a Noite [cosmogônica] abrange também as fronteiras do "antiquíssimo e idêntico", à medida que, "como aquela procria dias diferentes, dá, este, lugar às mais diversas alegorias, sem que nem uma nem outro se dividam e repartam."[58]

Se a simbólica da luz e da visão, fundamento da gnosiologia platônica, acena para a proporção [*analogia*] da luz à verdade, desocultando ambas respectivamente

---

[58]. Sousa, 1981, p. 55.

"sensíveis ocultos na sensibilidade" e "inteligíveis ocultos na inteligibilidade", não escapam também, à medida que se impõe a linguagem do *lógos*, "o ainda oculto fora de mim" e o "já esquecido dentro de mim [*lanthánein: lanthánesthai*]", configurando uma beleza tal que quase eclipsa a simbólica da Noite e do Silêncio, raízes da gnosiologia mítica, como esclarece Eudoro de Sousa que, dialogando com o pensamento heraclitiano, recorre à figuração do regime diurno da consciência, assinalando a intensidade da Vigília filosófica, diante da qual a vigília comum dos homens não é senão sono, a despeito de que, em face daquela, a "*phýsis*" queira se manter oculta.

> Se o *lógos* recolhe e junta tudo quanto do "mesmo" anda disperso, não parece que ele possa contrariar aquele "bem querer ficar oculto", e trazer à luz da grande Vigília o ser da *phýsis*, que, a tão bem querer ocultar-se, só pode querer a Noite que lhe protege a invisibilidade "igual por dentro ao silêncio", que a defende da visibilidade.[59]

Recusando a objeção quanto ao ocultamento em questão [a saber, da *phýsis*], justificado pela possibilidade de

---

[59]. Sousa, 1981, p. 55, grifo do autor.

que tal condição somente se mantém enquanto não emerge o grande desocultante, o *lógos*, caracterizando-se o referido estado como um desafio da natureza diante das grandes potências reveladoras do encoberto, Eudoro de Sousa defende, através da leitura heraclitiana, que "o ser da *phýsis* se patenteia na latência preferida", recuperando a perspectiva de Schelling à medida que a Natureza se impõe como visibilidade, com a qual não deixa de se relacionar uma invisibilidade, denominada de Espírito, tornando-se relevante a consideração de que o mesmo permeia sensibilidade e inteligibilidade, convergindo para a conclusão de que se configura-se como "desocultação da natureza", esta não é senão "ocultação do espírito", tendo em vista que, escapando ao sentido de eliminação ou aniquilamento, significa "a invisibilidade do que permanece invisível, sendo o que é, na visibilidade ou na invisibilidade."[60]

Mantendo sob o seu horizonte o fragmento de Heráclito [540 a.C./470 a.C.] - a saber, "a *phýsys* bem quer

---

[60]. Sousa, 1981, p. 56.

ficar oculta"[61] –, a leitura de Schelling, propondo a relacionalidade envolvendo natureza e espírito, assinala a impossibilidade da referida pretensão à medida que este último torna-se o indiscreto revelador de tudo que aquela preferiria deixar secreto, sublinhando, pois, Eudoro de Sousa um dos aspectos do espírito, denominado como mitologia, perspectiva que, conforme ao esquema da identidade, converge para as fronteiras que assinalam a natureza como mito visível, mantendo o mito sob o horizonte que o define como natureza invisível, acenando com a identificação de mito e natureza como, respectivamente, o lado de dentro e o lado de fora do ser que, indiferentemente, aparece como natureza ou como mito.[62]

---

[61]. "Natureza ama esconder-se." [Heráclito In: Souza, 1999, p. 101]

[62]. Convém salientar, nesta perspectiva, a concepção de *símbolo* que se impõe à leitura de Schelling, que guarda correspondência com uma formação que envolve os substantivos *Sinn* [sentido] e *Bild* [imagem], convergindo para assinalar que "a mitologia não se ocupa com um 'ser-sem-sentido'" [Barboza, 2005, p. 215], à medida que "o *símbolo mítico* é concreto como uma imagem, *Bild*, e, num só lance, possui o seu pleno sentido, *Sinn*" [Barboza, 2005, p. 215, grifos do autor]: "Não nos contentamos, sem dúvida, com o ser meramente *sem significação*, tal como, por exemplo, é dado pela mera imagem, porém tampouco, com

Se prescinde da utilização da linguagem da inteligibilidade, o mito, segredando o segredo, não emerge como um indiscreto revelador do segredo da natureza, pois a sua linguagem, como linguagem da sensibilidade, se impõe como silêncio na inteligibilidade, tendo em vista que "a Noite que desce sobre a natureza 'é igual por dentro ao silêncio'", enquanto que o espírito, desgarrado de suas raízes naturais, sob a pura inteligibilidade, não suporta o silêncio nem a obscuridade da noite, convergindo a consciência, através do seu regime diurno, para a absoluta soberania do reino das ideias, característica, pois, do "alegórico", que trai o silêncio da natureza e do mito, pondo nele a linguagem que não quer nem pode falar, à medida que "a presença do passado esmorece na presença do presente", consubstanciando a

> hora em que a consciência diurna nem sabe de si, em que não se reconhece como a fugacidade do meio-dia, de qualquer meio-dia que chega na hora certa de todos os dias que alternam com todas as noites, dias e noites que saem todos do inexaurível

---

a mera significação, mas queremos que aquilo que deve ser objeto da exposição artística absoluta seja tão concreto, somente igual a si mesmo, quanto a imagem e, no entanto, tão universal e pleno de sentido, quanto o conceito [...]." [Schelling, 2001, p. 74, grifos do autor]

ventre da Noite.[63]

Caracterizando-a como uma tentativa frustrada de violação do silêncio da Noite [que encobre a sensibilidade da Natureza presente à presença do passado], a alegoria do mito, se "andamos pela lonjura que transcende as maiores distâncias e pelo outrora posto além de todos os agoras"[64], emerge como "transposição para a natureza 'natural', da natureza que nem é sobrenatural, por excesso da natural", convergindo para pensar – que consiste em descobrir [ou partir à descoberta do "antes" que não tem antes] - o mito como silêncio da silenciosa natureza, tendo em vista que natureza com espírito se impõe antes da natureza sem espírito, com o qual se defronta a inteligibilidade que se supõe autônoma e autárquica.

> Se, efetivamente, Heráclito tinha razão para dizer que "a *phýsis* bem quer ficar oculta", se tinha razão para afirmar que o ser da natureza se patenteia na e pela sua latência, a natureza "natural" nada tem que ver com a natureza, pura e simples. E se nada tem que ver com ela, não há como fugir à conclusão de que o mito, alegoricamente projetado no plano da natureza "natural", é

---

[63]. Sousa, 1981, p. 56.
[64]. Sousa, 1981, pp. 56-57.

mera fantasia de uma inteligibilidade delirante, delirando de penetração no impenetrável, delirando de exaustão do inexaurível, e que delirantemente fala do inefável – que o não é porque dele se não deva falar, mas, sim, porque não pode a fala exaurir o inexaurível.[65]

Se mistério e inefabilidade escapam aos homens presentes à presença do presente não é senão em virtude de não pensarem o "antes" que não tem antes, a inexauribilidade do princípio que, na verticalidade do espaço, se representa pelo que, não permanecendo localizado por baixo de nada, somente pode se situar por cima de tudo [an-hypótheton], espelhando a natureza Deus na Sua condição de inexaurível, que se impõe como inefável à medida que o dizer não alcança o fim, tornando-se, portanto, nada, tendo em vista o que fica por falar, inapreensível, em suma, caracterizando-se como formas expressivas do mito os sinais sensíveis do sensível, que se dispõem ao silêncio para uma inteligibilidade que se incline seriamente sobre o mítico, que se move ao longo da sensibilidade convergindo para as fronteiras que o

---

[65]. Sousa, 1981, p. 57.

assinalam como a sua "medida", emergindo como "um conhecimento sensível do sensível"[66], do mesmo modo que o lógico se põe como "medida" do inteligível, envolvendo "um conhecimento inteligível do inteligível"[67], guardando relação as transcendências de ambos, a saber, do sensível e do inteligível, com os seus respectivos meios, que não culminam na intersecção que as remete à orla extrema de um ou de outro, como se supõe, tendo em vista que

> o pensamento teórico visa acima de tudo a libertar os conteúdos dados ao nível sensível ou intuitivo do isolamento em que se nos apresentam imediatamente. Eleva-os acima de seus estreitos limites, associa-os a outros conteúdos, compara-os entre si, concatenando-os em uma ordem definida e um contexto abrangente. Procede 'discursivamente', na medida em que toma o conteúdo imediato apenas como ponto de partida, desde o qual possa percorrer o todo da percepção em suas múltiplas direções, até, por fim, conseguir compô-lo em uma concepção sintética, em um sistema fechado.[68]

À caracterização do mítico como "medida" da sensibilidade na presença do passado se impõe, na presença do presente, a leitura que o encerra como supérfluo e

---

[66]. Sousa, 1981, p. 58.
[67]. Sousa, 1981, p. 58.
[68]. Cassirer, 1992, p. 52.

importuno, tendo em vista que escapa à inteligibilidade, pois se "mito, sensibilidade e natureza são e permanecem sendo o que são, na presença do passado"[69], a presença do presente "do que são e do como são" não se dispõe permitindo que "falem a sua linguagem de silêncio – silêncio de inteligível, de natural e de alegórico"[70], tendo em vista que é deste "não permitir" que a presença do presente emerge, à medida que o desenvolvimento da historicidade interpõe cada vez mais complexos esquemas de inteligibilidade, que convergem, pois, para a seletividade.

Se a razão-seletiva, no tocante às ciências da natureza "natural" e da natureza "humana", suscita o progresso, o que se impõe não é senão que emergindo da seleção acena para a face oposta da exclusão, convergindo para as fronteiras que envolvem o apartamento, a separação, o mundo presente, mantendo-se ambos, o mundo presente e o homem, sob o arcabouço da mesma natureza "natural", com cuja perspectiva não dialogam mito e sensibilidade,

---

[69]. Sousa, 1981, p. 58.
[70]. Sousa, 1981, p. 58.

que escapam também ao "sobrenatural", tendo em vista que se dispõem através do âmbito do inexplorável, "que põe limites inatingíveis e inultrapassáveis por qualquer exploração"[71] porventura empreendida pelas artes, religiões ou teosofias que, expostas à presença do presente, não deixam de se inclinar aos esquemas de seletividade [e exclusão] que a caracterizam.

Ao entendimento do caráter mítico se impõe um diálogo que alcance a camada mais profunda de percepção, emergindo, nessa perspectiva, no pensamento empírico os traços constantes da experiência sensorial, cuja leitura reclama uma distinção entre o que é substancial ou acidental, necessário ou contingente, invariável ou passageiro, discriminação que possibilita a construção do conceito de "um mundo de objetos físicos dotados de qualidades fixas e determinadas."[72]

Se a leitura em questão remete a um processo analítico que se opõe à estrutura fundamental da percepção

---

[71]. Sousa, 1981, p. 59.
[72]. Cassirer, 2005, p. 128.

e do pensamento mítico, à medida que o seu mundo se mantém em um estágio caracterizado pela fluidez em comparação com o mundo teórico de coisas e propriedades, substâncias e acidentes, a descrição da diferença que se impõe converge para a conclusão de que "o que o mito percebe primariamente não são caracteres objetivos, mas *fisionômicos*", à medida que escapa ao arcabouço mítico uma "natureza" que, sob o horizonte que envolve o sentido empírico ou científico, emerge como "a existência de coisas enquanto for determinada por leis gerais"[73], tendo em vista que antes que o mundo, no que tange à consciência, se exponha como "um conjunto de 'coisas' empíricas e como um complexo de 'propriedades' empíricas", se dispõe como "um conjunto de potências e influxos mitológicos."[74]

> Para a pessoa que esteja sob o encanto desta intuição mítico-religiosa, é como se nela o mundo inteiro afundasse. O respectivo conteúdo momentâneo, ao qual se atrela o interesse religioso, preenche completamente a consciência, de modo que nada mais subsiste junto ou fora dele. Com a máxima energia o eu está voltado para este único objeto, vive nele e perde-se em

---

[73]. Cassirer, 2005, p. 128.
[74]. Cassirer, 1998b, p. 17.

> sua esfera. Aqui reina, por conseguinte, em vez do alargamento da percepção, o seu mais extremo estreitamento; em lugar de uma expansão que poderia conduzi-la sempre a novas esferas do ser, vemos o impulso para a concentração; em lugar de sua distribuição extensiva, sua compreensão intensiva. Nesta reunião de todas as forças em um só ponto reside o pré-requisito de todo pensar mítico e de toda enformação mítica.[75]

Caracterizando-se como dramático, o mundo do mito emerge como um mundo de ações, forças, poderes conflitantes, convergindo para uma leitura que assinala a colisão desses últimos através de todo fenômeno da natureza, permanecendo a percepção mítica impregnada dessas qualidades emocionais, à medida que uma atmosfera que carrega alegria ou pesar, angústia, excitação, exultação ou depressão envolve tudo o que é visto ou sentido, inexistindo, nessa perspectiva, "'coisas' como matéria morta ou indiferente", pois "todos os objetos são benignos ou malignos, amistosos ou hostis, familiares ou estranhos, atraentes e fascinantes ou repelentes e ameaçadores."[76]

> Se, de um lado, o eu se entrega inteiramente a uma impressão momentânea, sendo por ela 'possuído': se, de outro, há maior

---

[75]. Cassirer, 1992, pp. 52-53.

[76]. Cassirer, 2005, p. 129.

tensão entre o sujeito e o seu objeto, o mundo exterior; se a realidade externa não é simplesmente contemplada e percebida, mas se acomete o homem repentina e imediatamente, no afeto do medo ou da esperança, do terror ou dos desejos satisfeitos e libertos, então, de alguma forma, salta a faísca: a tensão diminui a partir do momento em que a excitação subjetiva se objetiva, ao se apresentar perante o homem como um deus ou um demônio.[77]

Se essa forma elementar da experiência humana não deixa de se impor à vida do homem civilizado, a despeito do ideal de verdade introduzido pela ciência, eis o contraste que emerge na inter-relação que envolve a leitura original, embora não seja outro o objetivo do pensamento científico senão de obliterar todos os vestígios dessa visão, diante da qual se pretende o desaparecimento da percepção mítica, a despeito da impossibilidade de destruição e aniquilamento de todos os dados da experiência fisionômica que, havendo perdido todo o valor objetivo ou cosmológico, conserva, contudo, o valor antropológico, à medida que guarda seu lugar e seu significado no mundo humano, emergindo na vida social, nas relações intersubjetivas, tendo em vista que alcança relevância até na ordem genética, que acena para um horizonte que encerra a precedência da distinção entre

---

[77]. Cassirer, 1992, p. 53.

qualidades fisionômicas em face daquela que envolve as qualidades perceptuais, exemplificada pelo fenômeno que remete à sensibilidade humana a elas nos primeiros estágios do seu desenvolvimento.[78]

À necessidade da atividade científica abstrair as qualidades em questão se impõe a impossibilidade que envolve a sua absoluta supressão, convergindo para restringi-las ao seu próprio campo, característica do modo geral da ciência, que delimita a objetividade delas [as qualidades subjetivas] sem, contudo, extinguir totalmente a sua realidade, pois em face desta cada aspecto da experiência humana guarda uma reivindicação, leitura cujo princípio metodológico e epistemológico desenha um novo horizonte de compreensão para as fronteiras das "qualidades de sentimento", na acepção de camada mais inferior da experiência sensorial, de acordo com Cassirer, que esclarece:

> O mundo das nossas percepções sensoriais, das chamadas "qualidades secundárias", está em uma posição intermediária.

---

[78]. Cassirer, 1998c.

> Ele abandonou e superou o primeiro estágio rudimentar de nossa experiência fisionômica, sem ter alcançado aquela forma de generalização que se atinge em nossos conceitos científicos – nossos conceitos do mundo físico. Mas cada um desses três estágios tem seu valor funcional definido. Nenhum deles é uma simples ilusão; cada um deles, a seu modo, é um passo no nosso caminho para a realidade.[79]

À leitura que envolve a percepção mítica e a imaginação mítica não se impõe uma crítica que tenha como fundamento o arcabouço dos ideais teóricos de conhecimento e verdade, tornando-se antes necessária a aceitação das qualidades da experiência mítica por sua "qualitatividade imediata", à medida que acena para o horizonte de uma interpretação da vida mítica, não para uma explicação de meros pensamentos ou crenças, tendo em vista que, escapando a um sistema de credos dogmáticos, consiste em ações, mais do que em simples imagens ou representações, convergindo para a perspectiva que, caracterizando a antropologia moderna e a moderna história da religião, assinala a anterioridade do ritual em relação ao dogma, tanto no sentido histórico como no psicológico.

---

[79]. Cassirer, 2005, pp. 130-131.

II PARTE
DA FUNÇÃO DO MITO E A SUA RELAÇÃO COM A RELIGIÃO

> O mito é a parte escondida de toda história, a parte subterrânea, a zona ainda não explorada porque faltam ainda as palavras para chegar até lá. Para contar o mito, a voz do contador no meio da reunião tribal quotidiana não basta. É preciso lugares e momentos particulares, reuniões especiais. A palavra também não basta; o concurso de um conjunto de signos polivalentes, isto é, um rito, é necessário.[80]

A possibilidade de manter a consciência de outro mundo – mundo divino ou mundo dos Ancestrais –, que representa um plano sobre-humano, "transcendente", que envolve as *realidades absolutas*, eis a função dos mitos, que se impõem como paradigmas de todas as atividades humanas, veiculando valores [axiológicos] revelados pelos Entes Divinos [ou Ancestrais míticos], tornando, dessa forma, o mundo aberto, segundo Mircea Eliade, que assinala a experiência do sagrado como condição que possibilita o contato com uma realidade transumana, de cujo fenômeno emerge "a ideia de que alguma coisa *existe realmente*, de que

---

[80]. Calvino In: Luccioni et al., 1977, p. 77.

existem valores absolutos, capazes de guiar o homem e de conferir uma significação à existência humana"[81], convergindo, em suma, para a configuração dos conceitos que posteriormente se inclinaram à elaboração e sistematização da metafísica, a saber, *realidade, verdade* e *significação*.

Rememorando e reatualizando o evento primordial, as práticas rituais, reconfirmando periodicamente o valor apodítico do mito, concorrem para auxiliar o homem "primitivo" a distinguir e reter o real, pois através da repetição contínua de um gesto paradigmático converge para a revelação de algo como *fixo* e *duradouro* no fluxo universal, conforme sublinha Mircea Eliade:

> Através da repetição periódica do que foi feito *in illo tempore*, impõe-se a certeza de que algo *existe de uma maneira absoluta*. Esse "algo" é "sagrado", ou seja, transumano e transmundano, mas acessível à experiência humana. A "realidade" se desvenda e se deixa construir a partir de um nível "transcendente", mas de um "transcendente" que pode ser vivido ritualmente e que acaba por fazer parte integrante da vida humana.[82]

---

[81]. Eliade, 1972, p. 124, grifos do autor.
[82]. Eliade, 1972, p. 124, grifos do autor.

A acessibilidade envolvendo esse mundo "transcendente" [constituído por Deuses, Heróis e Ancestrais míticos] guarda relação com a irreversibilidade do Tempo, não admitida pelo homem arcaico que através do ritual suprime o Tempo profano, cronológico, recuperando o Tempo sagrado do mito, tornando-o contemporâneo dos eventos ocorridos *in illo tempore*, convergindo, em suma, para possibilitar a "construção da realidade" à medida que o liberta do Tempo morto, capacitando-o a abolir o passado, recomeçar a sua vida e recriar o seu mundo, não configurando a imitação dos gestos paradigmáticos dos Deuses, Heróis e Ancestrais míticos uma "eterna repetição da mesma coisa", sintomatizando uma absoluta imobilidade cultural, mas o modelo exemplar revelado pelo mito cosmogônico se impõe para engendrar a conquista do mundo, a sua organização, pois, a transformação da paisagem natural em ambiente cultural, enfim, caracterizando o homem como criador, à medida que suscita ininterruptamente novas perspectivas para o seu espírito inventivo.[83]

Assegurando ao homem "que o que ele se prepara para fazer *já foi feito*", o mito elimina as dúvidas que guardaria quanto ao resultado de seu empreendimento, prestando-se o seu modelo a aplicações ilimitadas, pois funciona para orientá-lo, tornando-se suficiente a repetição do ritual cosmogônico, convergindo para a configuração de um contexto no qual a vida se desenvolve em um mundo que, embora "cifrado" e misterioso, se impõe como "aberto", à medida que "fala", dependendo a compreensão dessa linguagem do conhecimento e da decifração dos *símbolos* míticos, que carregam a revelação da solidariedade existente entre temporalidade, nascimento, morte e ressurreição, sexualidade, fertilidade, chuva, vegetação, etc.

---

[83]. "A narrativa oral primitiva, como a fábula popular que se retransmitiu quase até nossos dias, modela-se sobre estruturas fixas – poder-se-ia dizer sobre elementos pré-fabricados – que permitem, no entanto, um número enorme de combinações. A imaginação popular não é como um oceano sem limite; mas não é uma razão para imaginá-la semelhante a um reservatório de capacidade determinada. Em níveis de civilização semelhantes, as operações narrativas, como as operações aritméticas, não podem diferir muito de um povo para um outro; mas o que é construído a partir desses processos de base, pode apresentar combinações, permutações e transformações ilimitadas." [Calvino In: Luccioni et al., 1977, p. 76]

O Mundo não é mais uma massa opaca de objetos arbitrariamente reunidos, mas um Cosmo vivente, articulado e significativo. Em última análise, o *Mundo se revela enquanto linguagem*. Ele fala ao homem através de seu próprio modo de ser, de suas estruturas e de seus ritmos.[84]

Se a existência do Mundo guarda relação com um ato divino de criação, suas estruturas e seus ritmos emergem como produto dos eventos ocorridos no princípio dos Tempos, trazendo cada objeto cósmico uma "história" mítica, que assinala, em suma, a sua capacidade de "falar" ao homem, de si mesmo primeiramente, de sua "origem", pois, cujo fato torna *real* e *significativo* aquilo que antes era um "desconhecido", de caráter opaco, inapreensível e destituído de significação, "irreal", enfim, estabelecendo uma coparticipação que confere familiaridade e inteligibilidade, tanto quanto transparência, ao Mundo.

Possibilitando, através dos seus objetos, a percepção dos traços dos Entes e dos poderes de outro mundo, este Mundo caracteriza-se como simultaneamente "aberto" e misterioso, pois "falando" de si mesmo, conta a sua "história", remetendo aos seus autores e protetores,

---

[84]. Eliade, 1972, p. 125, grifos do autor.

escapando à inércia e opacidade diante do homem que, decifrando a sua linguagem, confronta-se com o mistério, fundamental e irredutível, que reside na capacidade da "Natureza" de desvendar e camuflar o "sobrenatural", tendo em vista que a revelação dos mitos, que envolvem desde a cosmogonia até a fundação das instituições socioculturais, não exaure o mistério das realidades cósmicas e humanas, não se constituindo um "conhecimento", na acepção estrita do termo, pois se o seu aprendizado permite o domínio das realidades em questão [o fogo, as colheitas, as serpentes, etc.], estas mantêm sua "densidade ontológica original", não se transformando em "objetos de conhecimento".[85]

Assim como o Mundo em referência, o homem, em seu modo de existir, também se caracteriza como "aberto", emergindo a comunicação entre ambos em virtude da utilização da mesma linguagem, a saber, o *símbolo*, pois se a fala do Mundo acontece através das estrelas, plantas, animais, rios, pedras, estações, noites, a resposta humana se

---

[85]. Eliade, 1972, p. 126.

impõe por intermédio de sonhos e da vida imaginativa, dos Ancestrais ou dos totens [simultaneamente "Natureza", sobrenatural e seres humanos], da capacidade de morrer e ressuscitar ritualmente nas cerimônias de iniciação, do poder de encarnar um espírito, etc.

Se, nesta correlação, o Mundo alcança transparência diante do homem arcaico, este se percebe como objeto de atenção e compreensão diante daquele, conhecendo-se não só como ser humano mas como algo mais, à medida que descobre a sua ancestralidade, ou a possibilidade de morrer e retornar à vida [iniciação, transe xamânico], ou de exercer influência sobre as colheitas através de suas orgias, chegando a conceber, nas culturas mais complexas, os Ventos como respirações, as montanhas como ossos, etc., não se traduzindo a "abertura" em questão em uma concepção bucólica da existência, não perfazendo os mitos e as suas práticas rituais uma Arcádia arcaica, pois a valorização religiosa da tortura e da morte violenta em função da prosperidade do mundo vegetal converge para uma leitura trágica, tendo em vista que, acarretando a articulação e a justificação do complexo sociorreligioso, o arcabouço mítico demanda que o homem assuma a sua "condição de ser mortal e sexuado, condenado a matar e a trabalhar para poder nutrir-se."[86]

Compreendendo a linguagem do mundo vegetal e animal, o homem descobre uma significação religiosa caracterizando tudo aquilo que o cerca e tudo aquilo que faz, inclinando-o a aceitar, como parte integrante de seu modo de ser, a crueldade, a tortura e a morte, cujas condutas não se impõem como específicas e exclusivas das sociedades "primitivas" mas emergem através da História alcançando um paroxismo que se sobrepõe àquelas, consistindo a diferença no valor religioso que detém para aqueles povos, que incorporam tal comportamento dos modelos transumanos.

Não guardando em si mesmo a capacidade de assegurar a "bondade" ou a moral, a função do mito consiste na revelação dos modelos através dos quais o Mundo e a existência alcançam significação, cumprindo, dessa maneira, um papel fundamental na constituição

---

[86]. Eliade, 1972, p. 127.

humana, à medida que concorre para a emergência das ideias que envolvem *realidade*, *valor*, *transcendência*, possibilitando o discernimento do Cosmo perfeitamente articulado, inteligível e significativo, tendo em vista que a sua narrativa converge para a revelação que, assinalando "como as coisas foram feitas", responde às questões que abrangem "por quem" e "por que" o foram, além das suas circunstâncias.

> No desenvolvimento da cultura humana, não podemos fixar um ponto em que o mito acaba ou começa a religião. Em todo o curso de sua história, a religião permanece indissoluvelmente ligada a elementos míticos, e impregnada deles. Por outro lado o mito, mesmo em suas formas mais grosseiras e rudimentares, traz em si alguns motivos que de certo modo antecipam os ideais religiosos superiores que chegam depois. Desde o início, o mito é religião em potencial.[87]

Descartando, no tocante à transição em questão, a possibilidade que envolve uma crise repentina de pensamento ou qualquer revolução de sentimento, Cassirer recorre à leitura de Henri Bergson [1859-1941], que, detendo-se na questão da religião, supõe uma oposição

---

[87]. Cassirer, 2005, pp. 145-146.

irreconciliável entre "Religião Estática"[88] e "Religião Dinâmica"[89], emergindo a primeira como produto da pressão social, trazendo a segunda o fundamento da liberdade, derivando os dois tipos de vida religiosa e moral de duas forças divergentes, a saber, uma que rege a vida social primitiva, outra que acena com "um novo ideal de vida pessoal livre", tese que converge, enfim, para as

---

[88]. "O equivalente à oposição aberto/fechado na moral é, no domínio da religião, a oposição entre estático e dinâmico. A *religião estática* 'deduz-se das condições de existência da espécie humana'. Designa as crenças primitivas, a mitologia, mas também todos os cultos e dogmas religiosos. Bergson, com efeito, constrói a hipótese de uma função a que chama 'fabuladora' e de onde provêm, segundo ele, as representações religiosas. A *função fabuladora* tem origem na franja de instinto que subsiste paralelamente à inteligência; surge como uma reacção defensiva, uma garantia contra a desorganização; o seu papel, com efeito, consiste em contrabalançar a inteligência que permite o progresso, mas desenvolve, em contrapartida, o egoísmo individual e a reflexão negativa sobre a morte." [Baraquin; Laffitte, 2004, pp. 71-72, grifos do autor]

[89]. "A moral fechada e a religião estática podem bastar para a conservação do grupo, mas não implicam qualquer progresso e são o sintoma do enfraquecimento do *élan* vital. Completamente diferente é a *religião aberta e dinâmica*, que se baseia no *élan* criador da vida e transcende as condições de existência da espécie humana, ou seja, os limites que lhe são impostos pela materialidade. Alcança a sua forma mais elevada nos *grandes místicos* que tendem a coincidir com o esforço criador da vida e prolongam assim a acção divina." [Baraquin; Laffitte, 2004, p. 72, grifos do autor]

fronteiras que assinalam o fenômeno em questão [crise e revolução], embora a perspectiva histórica não corrobore tal concepção.

Diante de uma leitura que acena com um horizonte que indica que as condições da vida social primitiva, caracterizada por um mecanicismo rígido, uniforme e inexorável, não trazem quaisquer indícios quanto à configuração do indivíduo, tendo em vista que os pensamentos, sentimentos e atos de um homem são impostos, à medida que a tradição e o costume reclamam obediência de modo submisso e inconsciente em função de simples inércia mental ou em face da força de um "instinto grupal difuso", a cujo princípio, axioma fundamental subjacente à investigação da ordem primitiva e da adesão às regras, se contrapôs Malinowski que, desnudando a falsidade dessa perspectiva, identifica, mesmo em níveis inferiores da cultura humana, uma força diferente, convergindo para a conclusão que mostra que "uma vida humana em que todas as atividades individuais são completamente suprimidas e eliminadas, parece ser mais uma ideia sociológica ou metafísica que uma realidade histórica."[90]

Nessa perspectiva, pois, Cassirer esclarece que o declínio dos deuses antigos na história da cultura grega guarda relação com a emergência de um novo ideal religioso construído por homens individuais, que criam padrões intelectuais e morais que desestabilizam as divindades homéricas, cujo caráter antropomórfico se expõe à confrontação, apesar do valor e significado que carrega tal aspecto da religião popular grega, à medida que a humanização dos deuses se impõe como uma etapa indispensável na evolução do pensamento religioso, no qual emerge o processo da "conquista olímpica"[91], que converge para possibilitar uma concepção da natureza que alcança um sentido diferente, caracterizado pela individualidade, que se sobrepõe ao sentimento geral de solidariedade da vida, desfazendo os liames que assinalavam uma afinidade natural, uma consanguinidade abrangendo das plantas aos animais.

---

[90]. Cassirer, 2005, p. 150.

[91]. De acordo com a leitura de Gilbert Murray, a cuja perspectiva Cassirer recorre em sua obra [Cassirer, 2005, p. 151].

Se "a religião homérica é uma etapa na autorrealização da Grécia"[92], ao progresso do pensamento religioso se impõe "uma nova força e uma nova atividade da mente humana", de acordo com Cassirer, que destaca o sentimento de dependência do homem como a sua fonte verdadeira e fundamental, descartando, no entanto, uma relação que pressuponha uma atitude inteiramente passiva à medida que não possibilita o desenvolvimento de qualquer tipo de energia produtiva, tornando-se a magia, nessa perspectiva, uma etapa fundamental no processo de construção da consciência humana, tendo em vista que a fé que demanda converge para a gestação da autoconfiança, guardando correspondência a prática mágica com metas superiores, convergindo para a conclusão de que se trata da "mais alta concentração de todos os seus esforços", exigindo tal arte uma ordem correta, sem o cumprimento de cujas regras invariáveis peca em seu efeito, ensinando que o homem é "um ser que não precisa submeter-se às forças da natureza, mas que é capaz, através da energia

---

[92]. Murray apud Cassirer, 2005, p. 151.

espiritual, de regulá-las e controlá-las."[93]

Analisando a relação entre a magia, entendida como "uma espécie de ciência, uma pseudociência", e a religião, que cumpre uma função teórica, tanto quanto prática, Cassirer descobre o "sentimento de solidariedade da vida" como o fundamento que as intersecciona à medida que se a primeira carrega o caráter de "simpática" em sua origem e seu significado, a segunda, trazendo em si uma cosmologia e uma antropologia, responde à questão que envolve a origem do mundo e da sociedade humana, derivando desta os deveres e as obrigações do homem, cujos aspectos se fundem no "sentimento" em referência, leitura que dialoga com um horizonte no qual emerge, na linguagem filosófica, o conceito estoico da "simpatia do Todo", que converge para as fronteiras da reconciliação que envolve o pensamento mítico e o filosófico, tornando-se também tal crença uma das referências primordiais da própria religião, embora, diferentemente daquela que se impõe ao âmbito mítico e à esfera mágica, esta guarda correspondência com

---

[93]. Cassirer, 2005, p. 154.

um novo sentimento, a saber, o da individualidade, que, em certo sentido, perfaz, em suma, uma das antinomias basilares do arcabouço religioso, à medida que se põe como uma negação, uma restrição, enfim, da universalidade de sentimento que postula.

Se o progresso do pensamento religioso implica uma inter-relação envolvendo psicologia, sociologia e ética, converge para as mesmas fronteiras o desenvolvimento que abrange o individual, o social e a consciência moral, que apresenta uma diferenciação progressiva que acarreta uma nova integração, visto que a concepções primitivas se caracterizam, pois, pela indeterminação, tornando-se uma das primeiras e mais importantes funções das religiões superiores a descoberta e a revelação dos elementos pessoais no que era chamado de Santo, Sagrado, Divino, somente emergindo a capacidade humana de conferir uma forma individual às suas divindades à medida que encontra um novo princípio de diferenciação em sua própria vida, como em sua vida social, através do seu trabalho, escapando tal processo ao pensamento abstrato, antecedendo os deuses funcionais aos deuses pessoais, como o exemplifica o caso da religião romana, cujo sistema mostra as especificidades da mentalidade em questão, a saber, sobriedade, praticidade e energia.

Aos aspectos arcaicos da religião grega se impõe a influência dos poemas homéricos, à medida que a arte converge, nessa perspectiva, para possibilitar uma nova concepção dos deuses, os quais, escapando à tendência moral, incorporam nomes e alcançam formas através do trabalho realizado pela mente contemplativa e artística dos gregos, que preenche, a despeito da carência e defeito destas divindades pessoais, a lacuna entre a natureza humana e a divina, tendo em vista que a retratação em questão guarda correspondência com a variedade e multiformidade do homem, da sua disposição mental ao seu temperamento, até as suas idiossincrasias, representando a expressão de ideais mentais, não a conjugação de forças morais que, engendrando as grandes religiões monoteístas, se detêm nas fronteiras do problema do bem e do mal, não mantendo qualquer tipo de conexão com a imaginação mítica ou estética.

Nessa perspectiva, pois, se a relação simpática que,

envolvendo o homem e a natureza, se impõe à magia e à mitologia primitiva, não se inclina à destruição diante das grandes religiões éticas, a abordagem da natureza sob uma leitura que, não convergindo para o âmbito emocional, alcança a esfera racional, substitui a concepção da abundância da sua vida, característica do elemento divino que detém, pela simplicidade da sua ordem, arcabouço da lei, que acena para um horizonte que identifica o mundo como "um grande drama moral no qual tanto a natureza quanto o homem devem representar seus papéis"[94], o sentido ético se sobrepondo ao mágico, afinal, adquirindo a simpatia ética universal primazia sobre o sentimento primitivo de uma solidariedade natural ou mágica da vida, tornando-se a vida humana uma luta ininterrupta em função da virtude, que traz a tríade que envolve "bons pensamentos, boas palavras e boas ações" como fundamento da relação que implica o Divino, escapando aos recursos antes invocados e dialogando com um novo

---

[94]. Cassirer, 2005, p. 166.

ideal de liberdade.[95]

Se todo ato carrega um valor ético distinto e específico, convergindo para as fronteiras identitárias que envolvem ordem ou desordem, preservação ou destruição, a preeminência do poder do bem guarda correspondência com um esforço heroico da humanidade que acena para o horizonte de um novo ideal de liberdade, tendo em vista que o homem depende apenas de si próprio para tornar-se um aliado da divindade contra o seu adversário demoníaco, segundo a leitura de Cassirer que, referindo-se à grandeza e à sublimidade do pensamento religioso, defende que, impossibilitada de superá-la, a filosofia grega não deixa de revelar motivos que emergem do arcabouço em questão, como também os de caráter mítico, que se impõem ao estoicismo, por exemplo, que dialoga com a noção de uma providência universal e com a concepção que atribui ao universo a condição que implica uma grande sociedade que encerra Deus e os homens, perfazendo a perspectiva que assinala a ideia que abrange a "simpatia do Todo", mas sob a luz de um novo sentido ético, demonstrando, tal análise,

---

[95]. Cassirer, 1998b.

que a possibilidade de alcançar este estágio somente se justifica através de "um desenvolvimento lento e contínuo do pensamento e do sentimento religioso."[96]

Defendendo, nessa perspectiva, a impossibilidade de "um salto repentino" no tocante à transição das formas mais rudimentares para as formas mais altas e superiores, a investigação de Cassirer assinala a emergência de uma "religião mista" à medida que a história mostra um processo que inter-relaciona duas manifestações que são radicalmente distintas em sua natureza, que se impõem como expressões de forças totalmente diversas, assumindo um caráter antagônico segundo a leitura filosófica [metafísica], cuja interpretação identifica que se uma manifestação traz como fundamento o instinto de vida [gerador da função de fazer mitos], a outra manifestação demanda um ímpeto novo, um tipo específico de intuição e inspiração, tendo em vista que a religião não advém do instinto, escapando também à inteligência ou à razão, a despeito de que a distinção dialética envolvendo os poderes

---

[96]. Cassirer, 2005, p. 168.

em questão – a saber, instinto, inteligência e intuição mística –, não guarda sentido com o arcabouço dos fatos da história da religião.

A interpretação ética e religiosa da vida, o seu novo caráter, pois, que emerge da matéria-prima de concepções primitivas, eis o "milagre" que Cassirer identifica na investigação das religiões superiores, perfazendo uma tendência que converge para um sentido que não deixa de guardar relação com o conceito de tabu [97] e as suas implicações, tendo em vista que não há nenhuma sociedade que não tenha desenvolvido tal sistema, a maioria dos quais contendo uma estrutura extremamente complexa, referindo-se o nome em determinadas culturas a todo o arcabouço religioso, tornando-se a sua violação em muitas sociedades primitivas o único delito conhecido, identificando este termo nos estágios elementares da civilização o campo que abrange a religião e a moralidade,

---

[97]. "Termo polinésio que significa simplesmente *proibir* ou *proibido* e que passou a indicar a característica sagrada da proibição em todos os povos primitivos e qualquer proibição não motivada em todos os povos." [Abbagnano, 2007, p. 936, grifos do autor]

acenando para a conclusão de que se trata do "primeiro e indispensável germe de uma vida cultural superior", "um princípio apriorístico do pensamento moral e religioso", "uma espécie de imperativo categórico"[98], cujos motivos, irrelevantes segundo a concepção original, sofreram alteração durante o progresso do pensamento religioso, que estabelece uma distinção entre a violação subjetiva e a violação objetiva e culmina em "um novo ideal positivo de liberdade humana".[99]

---

[98]. Cassirer, 2005, p. 172.

[99]. Cassirer, 2005, p. 179.

III PARTE
DO SIMBOLISMO RELIGIOSO
[NATUREZA E REPRESENTAÇÃO]

> O verdadeiro simbolismo é aquele em que o particular é o representante [*repräsentiert*] do universal, não como sonho e sombra, mas como revelação [*Offenbarung*] vital-instantânea do insondável.[100]

A possibilidade de traduzir na forma visível determinadas forças do além pertencentes ao domínio do invisível, eis a questão na qual se detém Jean-Pierre Vernant, cuja investigação, procurando como os gregos a desenvolveram, sublinha a relação que se impõe entre a natureza destas forças sagradas e o seu modo de representação, tendo em vista a característica que carrega toda espécie de simbolismo, inclusive o religioso, que, no tocante à construção dos seus objetos pelo pensamento, não converge senão para as fronteiras das formas.

Recorrendo ao termo *kolossós*, Vernant esclarece que a sua origem não guarda relação com a estatura, designação

---

[100]. Goethe apud Torres Filho, 2004, p. 109.

que, emergindo através de razões acidentais, acena para as efígies de dimensão gigantesca, pois o vocabulário grego da estátua o mantém, sob a perspectiva que o encerra como gênero animado, trazendo uma base pré-helênica, vinculado a *kol-*, uma raiz que se inclina para determinados nomes que identificam lugares da Ásia Menor [*Kolossai, Kolophon, Koloura*], carregando a ideia de algo ereto, erguido, convergindo, por essa razão, para a possibilidade de distinção diante de outros ídolos arcaicos, como o *bretas* e o *xóanon*, a despeito da similaridade que se impõe ao aspecto, que envolve forma enluvada, pernas e braços soldados ao corpo, tendo em vista que se estes últimos detém quase sempre mobilidade, configurando-se como "portáteis", a imobilidade caracteriza aquele [a saber, o *kolossós*].

Estátua-pilastra ou estátua-menhir, eis as duas formas que se impõem à representação do *kolossós*, que emerge através de uma pedra erguida, uma laje estabelecida no chão, enterrada em alguns casos, guardando a possibilidade de substituir o cadáver ausente, à medida que, instalado em uma tumba vazia, ao lado de objetos do morto, ocupa o lugar do defunto, prática que acena para a crença que envolve a necessidade da realização de ritos funerários em face do desaparecimento definitivo de um homem, cuja *psyché*[101] [o seu "duplo"], sem o exercício destas cerimônias, se mantém em condição de errância nas fronteiras que abrangem o mundo dos vivos e o mundo dos mortos, encerrando o seu espectro uma força que põe em risco os viventes.

Longe de carregar a pretensão que envolve a reprodução dos traços do defunto, transmitindo uma ideia acerca da sua aparência física, o *kolossós*, substituindo o cadáver na tumba, não corporifica senão a vida no além, não caracterizando-se, pois, como uma imagem, mas, sim, como um "duplo", como o próprio morto o é em relação ao vivo, servindo a pedra nua para destiná-lo à sua morada subterrânea, convergindo também para possibilitar o

---

[101]. "*Psykhé, psiqué*, que se perpetuou universalmente com o sentido de *alma* nas línguas cultas e em tantos compostos, provêm do verbo *psýkhein*, soprar, respirar, donde *psiqué*, do ponto de vista etimológico, significa respiração, *sopro vital, vida*. Fato curioso é o que observa Dodds: 'É sabido que Homero parece atribuir uma *psykhé* ao homem somente após sua morte ou quando está sendo ameaçado de morte, ou ao morrer ou ainda quando desmaia. A única função da *psykhé* mencionada em relação ao homem vivo é a de abandoná-lo'." [Brandão, 1986, p. 144, grifos do autor]

contato com ele à medida que é erigida na superfície do solo, impondo-se, nesta perspectiva, para viabilizar a manifestação da sua presença que, encerrando caráter insólito e ambíguo, emerge como sinal de uma ausência, pois a sua aparição, através do modo em questão, revela simultaneamente o seu não pertencimento a este mundo.

Guardando relação de parentesco, segundo a concepção grega, *kolossós* e *psyché* permanecem inseridos em um categoria de fenômenos que abrange realidades que envolvem a imagem do sonho, a sombra, a aparição sobrenatural, cuja unidade emerge, no contexto cultural arcaico em questão, em função do espírito apreendê-los do mesmo modo, convergindo para um horizonte que assinala um significado análogo, caracterizando tal leitura a existência de uma verdadeira classe psicológica, a saber, a classe do "duplo", que se diferencializa, pois, da imagem, não se constituindo um objeto "natural", nem um produto mental, tampouco uma imitação de um objeto real, uma ilusão do espírito ou uma criação do pensamento, configurando, em suma, uma realidade exterior ao sujeito que, em sua própria aparência, opõe-se aos objetos familiares que compõem o cenário comum da vida, movendo-se em duas dimensões contrapostas à medida que, mostrando-se presente, revela-se como pertencente a um mundo que não é este, inacessível, enfim.

Recorrendo ao exemplo de Pátroclo[102], que ergue-se diante de Aquiles[103] quando este, adormecido, depois de uma noite de lamentação, se mantém envolvido pelo desejo nostálgico do ausente, Vernant enfatiza que o que emerge através da visão em questão não é senão a *psyché*[104], cujo

---

[102]. De acordo com a mitologia grega, *Pátroclo* ou *Pátroklos* [do grego Πάτροκλος, "glória do pai"], filho de Menécio, é um dos personagens centrais da *Ilíada*, primo e às vezes considerado amante de Aquiles.

[103]. "Filho de Peleu (rei da Ftia) e descendente de Zeus pelo lado paterno, e da deusa Têtis, filha de Oceano" [Kury, 2008, p. 38], Aquiles [em grego antigo, Ἀχιλλεύς, transl. *Akhilleus*] é considerado o mais valente dos gregos, cuja fama "deve-se em grande parte ao fato de ele ser o herói principal da *Ilíada*, que na realidade é uma 'Aquileida'." [Kury, 2008, p. 40]

[104]. "Com a morte do corpo, a *psiqué* torna-se um *eídolon*, uma imagem, um simulacro que reproduz, 'como um corpo astral', um corpo insubstancial, os traços exatos do falecido em seus derradeiros momentos.
Eis aí o eídolon de Pátroclo, que aparece em sonhos a Aquiles: E eis que aparece a psiqué do infortunado Pátroclo, em tudo semelhante a ele: pela estatura, pelos belos olhos, pela voz; o corpo está coberto com a mesma indumentária.

termo guarda correspondência com a ideia que envolve fumaça [*kapnós*], ou sombra [*skiá*], ou sonho [*óneiros*], à medida que se impõe, simultaneamente, como a presença e a ausência irremediável, realidade que guarda inter-relação com os aspectos de "duplo" do *kolossós*, convergindo, nesta perspectiva, para interseccionar o mundo visível e o além, configurando um horizonte que acena para a ambiguidade, tendo em vista que este último estabelece sempre o vínculo entre os vivos e o mundo infernal.

À questão que envolve a possibilidade de uma pedra corporificar um significado de "duplo" que estabeleça uma inter-relação abrangendo as fronteiras dos fenômenos físicos incontroláveis e misteriosos como a figura de sonho ou a aparição sobrenatural, convergindo para a ambiguidade à medida que, através de uma laje talhada grosseiramente, emerge a ideia que desenha a silhueta do invisível, parecendo carregar, contrapondo-se ao mundo dos vivos, a própria força da morte, Vernant impõe uma leitura que se circunscreve às representações religiosas que propõem à visão do mundo dos gregos, pelo jogo das

---

(*Il.* XXIII, 65-67)" [Brandão, 1986, p. 145, grifos do autor]

correspondências e das oposições estabelecidas entre os diversos aspectos do real, tendo em vista que o *kolossós*, como todo signo, remete a um sistema *simbólico* geral diante do qual guarda condição de inseparabilidade, participando de liames indissolúveis no arcabouço de cuja organização mental de conjunto aparece em íntima conexão com a morte e os mortos.

Se o simples contato com uma pedra bruta se impõe ao juramento de consagração às forças infernais, a petrificação dos vivos emerge para caracterizar a morte, tendo em vista que a transformação do corpo vivo em cadáver rígido converge para possibilitar a apreensão das relações *simbólicas* em questão, alcançando relevância a individuação dos traços que, estabelecendo a oposição envolvendo a vida e a morte, concorrem para defini-las através de uma inter-relação que não deixa de construir a delimitação dos domínios de ambas, à medida que desenha o contraste entre o mundo sonoro [que envolve vozes, gritos, cantos] e o universo do silêncio, este guardando correspondência com os rituais funerários, os quais encerram a proibição quanto a toda música, assinalando, como o demonstra Teógnis[105], que a inexistência de vida não é senão como se tornar, debaixo da terra, uma pedra sem voz, revestindo-se de ânimo e vida aquelas que ressoam ou crepitam no forno, tais como, respectivamente, as pedras metálicas e cerâmicas.

Ao silêncio comum das pedras mudas se impõe a morte, com a qual dialoga também, em oposição ao calor do vivo, o frio [*psychrón*] que expõe, evocado pela *psyché*, guardando a capacidade de aparecer como uma dessecação do vivo à medida que emerge através de aspectos como dureza, secura e rigidez, visto que os "dessecados" não são senão os mortos, os *kolossói*, tornando-se fundamental, na perspectiva que busca delimitar os domínios que envolvem a vida e a morte através das fronteiras da inter-relação em questão, a contraposição que abrange o visível e o invisível, pois se este configura a morte [*Hades*[106], cujo "capacete"

---

[105]. Θέογνις, em grego, *Théognis*, na transliteração, *Teógnis* de Mégara foi um poeta elegíaco grego do Século VI a.C.

[106]. *Hades* [em grego antigo Ἅδης, transl. *Hádēs*], na mitologia grega, é o *deus do Mundo Inferior* [*Mundo Subterrâneo*], também se referindo ao *Mundo dos Mortos* [*Infernos*], correspondendo a *Plutão*, segundo a

confere a referida condição, a saber, a invisibilidade[107]], a instituição de uma relação de reciprocidade entre a faculdade de ver e a propriedade de ser visível converge para a conclusão de que o desaparecimento do vivo do âmbito do universo da luz e o seu consequente ingresso no mundo da noite acenam com a possibilidade que a imagem da sua transformação em um bloco de pedra cego carrega, como o explica Vernant:

> Entre a *psyché* do morto, bruma invisível, sombra escura, e a pedra, forma visível porém opaca e cega, há uma afinidade que nasce da sua oposição comum ao domínio luminoso da vida, caracterizado pelo binômio ver – ser visto.[108]

---

mitologia romana. "Os antigos interpretavam este vocábulo com base na etimologia popular, sem nenhum cunho científico, e *Hades* erradamente era traduzido por 'invisível, tenebroso', o que teria a vantagem, e há os que o fazem até hoje, de aproximá-lo do alemão *Hölle* e do inglês *hell*, 'mundo subterrâneo, inferno'." [Brandão, 1986, p. 311, grifos do autor]

[107]. "Na luta contra os Titãs, os Ciclopes armaram *Hades* com um capacete que o tornava *Invisível*, daí a falsa etimologia que lhe deram os Gregos, ἀ (a) 'ιδεῖν (idêin) *ver*. Esse capacete, por sinal, muito semelhante ao de Siegfried na mitologia germânica, foi usado por outras divindades como Atená e até por heróis, como Perseu, fato já mencionado no mito da Górgona." [Brandão, 1986, p. 311, grifos do autor]

[108]. Vernant, 1973, p. 273.

Se estabelecem um contraste em relação ao homem vivo, a pedra e a *psyché* do morto se impõem, respectivamente, através da fixidez e da mobilidade intangível, à medida que aquele, deslocando-se sobre a superfície do solo, se mantém em contato contínuo com a terra, guardando o *kolossós*, instalado nas profundezas do solo, a imobilidade, caracterizando-se a *psyché* pela perpétua mobilidade e intangibilidade, contrapondo-se ambos [a saber, *kolossós* e *psyché*] ao andar daquele, conforme esclarece Vernant:

> enraizamento na terra (*kolossós*) – contato com a superfície do solo (homem vivo) – nenhum contato com a terra (*psyché*); imobilidade total (*kolossós*) – deslocamento progressivo para ocupar sucessivamente uma série de posições na superfície do solo, encontrando-se o mesmo indivíduo a cada momento em um ponto e um só (homem vivo) – presença ubíqua por todo o espaço (*psyché*).[109]

Se a relação envolvendo o *kolossós* e a *psyché* se impõe, através da perspectiva da mobilidade, em virtude da interseccionalidade para a qual convergem enquanto

---

[109]. Vernant, 1973, p. 274.

extremos, tendo em vista os aspectos que tal condição sublinha, cujos traços, antitéticos, emergem para caracterizar o liame de complementariedade que o rito estabelece, expressando o vínculo em questão, à medida que a instalação da pedra no chão carrega o sentido que dialoga com a pretensão de localizar em uma determinada região da terra a intangível *psyché*, que simultaneamente, no tocante à sua presença, guarda a possibilidade de acenar para toda parte e nenhum lugar, em suma, alcançando relevância o valor operatório do *kolossós* que, originalmente, cumpre a função de exercer a atração de um duplo revestido de condições anormais, restabelecendo a transação perfeita entre o mundo dos mortos e o mundo dos vivos.[110]

Escapando à concepção que o circunscreve ao âmbito

---

[110]. "A história de Acteão é significativa a este respeito. Acteão estava morto, sem sepultura, e o seu εἴδωλον, o seu espectro, entregava-se a toda série de crueldades contra a população. Consulta-se o oráculo de Delfos e ele ordena que se faça a efígie de Acteão e que se a ligue com correntes de ferro à própria pedra em que se manifestava a presença do fantasma. Os habitantes obedecem: a estátua é erigida e acorrentada. A alma de Acteão, desde então fixada, deixa de perseguir os homens." [Vernant, 1973, p. 274]

de um simples signo figurativo, a função do *kolossós* se detém simultaneamente na tradução da força do morto através de uma forma visível e na operação que estabelece a sua inserção no universo dos vivos, pois caracterizando-se como inseparável dos processos rituais não é senão como objeto para o qual estes convergem por intermédio do seu exercício que corporifica os significados que carrega, à medida que, "atuado" pelos homens, contém uma virtude eficaz, acenando para as fronteiras que, em função da sua condição de "duplo", estabelecendo a intermediação de dois mundos opostos, assinalam dois aspectos que envolvem tensão e oscilação, tendo em vista que, no tocante à sobreposição de um em relação ao outro, ora é o aspecto visível, ora o invisível, que alcança predominância, visto que se, por vezes, representa um signo que se impõe à memória, a prática do rito, que demanda, afinal, a invocação do nome do morto, dialoga verdadeiramente com a emergência do "duplo" que, por cima da tumba, se dispõe à visão, manifestando o poder infernal sob tal figura.[111]

Introduzir a sua presença no universo humano, estabelecendo a comunicação envolvendo a força sagrada à qual remete, eis a pretensão que, não objetivando apenas evocá-la, carrega o signo religioso, que, transpondo a sua caracterização como instrumento de pensamento tão-somente, converge para a construção de uma passagem através do divino, simultaneamente assumindo o encargo de identificar o incomensurável entre aquela [a saber, a força sagrada] e o que a manifesta inadequadamente, acenando o *kolossós*, nessa perspectiva, para exemplificar a tensão que o signo religioso suporta, condição que, não por outra razão, engendra a sua dimensão própria, à medida que se a sua operação propõe um contato real com o além, buscando a instalação da sua presença na terra, o seu empreendimento não deixa escapar o seu aspecto inacessível, misterioso.[112]

---

[111]. Vernant, 1973.

[112]. Vernant, 1973.

CAPÍTULO 3
DO *HOMO MYTOLOGICUS*

Escapando às fronteiras que envolvem da introspecção psicológica à observação e à experimentação biológica, além da investigação histórica, à definição da natureza ou "essência" humana se impõe o pressuposto que converge para o caráter funcional, jamais substancial, à medida que não se esgota em um fundamento que porventura proponha um princípio inerente constitutivo da sua estruturalidade metafísica, nem tampouco se detém em qualquer faculdade ou instinto inato disposto à investigação empírica, tendo em vista que o que estabelece a sua distinção não é senão o trabalho, que possibilita, em suma, a determinação da circunscrição da "humanidade", que traz como partes constitutivas a linguagem, o mito, a religião, a arte, a ciência e a história, cujos construtos, não emergindo como aleatórios, guardam um vínculo que não se põe como um *vinculum substantiale* mas como um *vinculum functionale.*[113]

Se subjaz às inumeráveis formas e expressões da linguagem, do mito, da religião, da arte, da ciência e da história, é a função básica de cada um dos construtos em referência que se impõe como relevante à medida que torna-se, em última instância, o lugar de convergência destes, carregando a origem comum para a qual acena, cuja investigação, inclinando-se sobre as fontes de informação disponíveis, das evidências empíricas aos métodos de introspecção, da observação biológica à indagação histórica, demanda a incorporação de uma perspectiva que, embora nova, não pode prescindir da leitura destas, nem tampouco nelas se esgotar, mas precisa inter-relacioná-las na descrição daquelas estruturas, tendo em vista a imprescindibilidade da utilização de uma terminologia psicológica, tanto quanto de um método científico adequado da área em questão, além de elementos sociológicos e históricos, que acenam para responder às questões propostas.

Adquirindo condição de preeminência a questão do

---

[113]. Cassirer, 2005.

sentido em relação ao problema do desenvolvimento histórico no tocante ao âmbito que envolve linguagem, arte e mito, se a emergência das obras humanas guarda liames de correspondência com condições históricas e sociológicas específicas, são os princípios estruturais gerais subjacentes que alcançam relevância, antecedendo a leitura estrutural da cultura, através da construção de uma análise descritiva, à visão histórica, que depende de um esquema de classificação, ordenação e organização dos fatos, qual não é o seu valor para a construção de um relato filosófico da civilização humana, como o demonstra o linguista e o historiador da arte, cujas atividades reclamam a utilização de categorias fundamentais, tal como o faz, no tocante à história da arte, Heinrich Wölfflin [1864-1945], que pensa os termos "clássico" e "barroco" como padrões estruturais gerais, não como titulações para etapas históricas definidas.[114]

---

[114]. "For classical contemplation the essence lies in the solid, enduring figure which is delineated with the greatest definiteness and all-round distinctness; for painterly contemplation the interest and warrant of life lies in movement. The sixteenth century, of course, did not quite abandon the motive movement, and a drawing by Michelangelo must

Se a investigação filosófica não se detém, no tocante à cultura humana, nas fronteiras da análise que implica as suas formas individuais, acenando para uma visão universal sintética dialoga com uma perspectiva utópica, à medida que a experiência assinala não um processo harmônico mas a coexistência de forças que se contrapõem no mundo cultural, como a contradição que caracteriza a relação que abrange o pensamento científico e o pensamento mítico, aquele procurando suprimir este, ou como a defesa do ideal religioso contra o mito ou a arte, sintomatizando a inquestionável divisão das atividades do arcabouço cultural que, desenvolvendo-se sob horizontes que não se coadunam, perseguem finalidades que entre si divergem, convergindo para resultados irredutíveis a uma intersecção que as envolva simultaneamente.

À unidade de efeitos, que se detém no âmbito dos

---

in this point have seemed unsurpassable, yet only the seeing which aimed at mere appearance, painterly seeing, gave representation the means of producing the impression of movement in the sense of change. That is the decisive contrast between classic and baroque art. Classic ornament has its meaning in the form as it is, baroque ornament changes under the spectator's eyes." [Wölfflin, 1950, pp. 228-229]

produtos, que emerge como um fenômeno impossível, se impõe uma unidade de ação, que envolve o processo criativo, para cujas fronteiras converge uma síntese filosófica, a perspectiva da qual não dialoga senão com o termo "humanidade", que assinala que as atividades do arcabouço cultural carregam um fim comum, que se sobrepõe às divergências e oposições que caracterizam as suas várias formas, tornando-se imprescindível a determinação do aspecto universal que as intersecciona, tanto quanto dos princípios e categorias que possibilitem a redução a uma ordem sistemática dos seus fenômenos, cabendo ao pensamento filosófico, diante de um horizonte que encerra das imagens míticas aos dogmas religiosos, das formas linguísticas às obras de arte, unificando-as, descobrir a função geral que se mantém subjacente ao processo de criação em referência.

I PARTE
DA CONSTRUÇÃO SIMBÓLICA DA REALIDADE
[DA DIALÉTICA]

Constituindo, pois, as suas "revelações" uma "história sagrada", os mitos remetem aos eventos significativos que aconteceram em um "passado glorioso" na Terra, recordando-os continuamente, "elevando" direta ou indiretamente o homem à medida que a imitação dos gestos paradigmáticos, possibilitando-o a realizar os atos dos Deuses e Heróis míticos, o impele a transcender os seus limites, situando-o ao lado destes, fato que se impõe principalmente diante de um contexto que assinala a recitação das tradições mitológicas como função de alguns poucos indivíduos, característica das sociedades arcaicas, em algumas das quais tal tarefa cabe aos xamãs e aos médico-feiticeiros, ou aos membros das confrarias secretas, que, possuindo uma vocação comprovada e recebendo instrução dos velhos mestres, devem se distinguir pela sua capacidade mnemônica, pela sua imaginação ou pelo seu talento literário.

Se a recitação escapa à estereotipação, algumas vezes do protótipo se afastam as variantes, o registro das quais, embora tenha sido empreendido pelos etnólogos e folcloristas, não alcança a invenção de um novo mito, detendo-se na leitura daquelas ou de um tema folclórico, tornando-se as suas investigações incapazes de desvendar o processo de criação, caracterizando-se como modificações de um texto preexistente os mitos registrados, que sublinham o papel dos indivíduos criadores em sua elaboração e transmissão, principalmente em uma época que vincula a "criatividade poética" a uma experiência extática que se manifesta através de "crises", "encontros", "revelações", "fontes de inspiração" que convergem para a construção de um "enxame de imagens" e de enredos carregados de vivência e dramaticidade, incorporando as personalidades envolvidas neste contexto a condição de "especialistas do êxtase", à medida que vivem imersos em "universos fantásticos que nutrem, acrescem e elaboram os motivos mitológicos tradicionais".[115]

---

[115]. Eliade, 1972, p. 129.

Nessa perspectiva, pois, na qual se impõe uma criatividade capaz de renovar a matéria mitológica tradicional no plano da imaginação religiosa, alcança relevância o papel das personalidades criadoras, os especialistas do sagrado que, desde os xamãs até os bardos, exerceram uma influência determinante sobre as suas coletividades através de suas visões imaginárias, cujo "sucesso" guardava correspondência com os esquemas já existentes, tendo em vista que o confronto com as imagens e os enredos tradicionais comprometia a receptividade pública, caracterizando-se como não rígidas as relações entre aquelas [que perfazem os esquemas tradicionais] e as valorizações individuais inovadoras, tornando-se possível a modificação do modelo original através do impacto de uma forte personalidade religiosa.

> O mito brotado do jogo combinatório do contador tende em seguida a se cristalizar, a se fixar em fórmulas; ele passa da fase mitopoética à fase ritual: das mãos do narrador às dos organismos tribais encarregados da conservação e da celebração dos mitos. O sistema dos signos da tribo se ordena em relação ao mito; um certo número tornam-se tabus e o contador profano não pode mais empregá-los tais quais. Ele continua a girar em torno deles inventando novos arranjos, até que este trabalho metódico o objetivo provoque uma nova iluminação

do inconsciente e do interdito que obrigue a tribo a mudar seu sistema de signos.[116]

Se a cultura é constituída e renovada através das experiências criadoras dos indivíduos, característica que se impõe não apenas às sociedades arcaicas mas a todas as outras, os modelos ou as fontes da inspiração, nesse contexto, demandam a comunicação das experiências religiosas através de um enredo fantástico diante de uma comunidade que, trazendo como eixo referencial os mitos, depende da sua contínua reinterpretação e aprofundamento, à medida que a sociedade em questão é conduzida para os valores e as significações descobertas e veiculadas pelos especialistas do sagrado, convergindo, nesse sentido, para impelir o homem a superar os seus próprios limites e condicionamentos, incitando-o a elevar-se para "onde estão os maiores".[117]

Se o mito grego se impõe como objeto de investigação não é senão em virtude da sua capacidade de

---

[116]. Calvino In: Luccioni et al., 1977, p. 79.

[117]. Eliade, 1972, p. 130.

inspirar e guiar a poesia épica, a tragédia e a comédia, tanto quanto as artes plásticas, tornando-se a cultura em questão, por outro lado, a única a submetê-lo a um processo de análise que, em suma, acarreta a sua "desmitificação", à medida que a ascensão do racionalismo jônico coincide com uma crítica radical que se inclina sobre a mitologia "clássica", corporificada através das obras de Homero [séc. IX ou VIII a.C.] e Hesíodo [séc. VIII/VII a.C.], convergindo para a sua denotação como "ficção", característica da sua interpretação no âmbito da leitura ocidental, que se mantém condicionada sob o referido horizonte, que, menos do que se contrapor ao "pensamento mítico" ou ao tipo de conduta resultante, opõe-se sobretudo à matéria descritiva dos atos dos deuses, que envolvem, pois, das suas aventuras às decisões arbitrárias, dos seus caprichos e injustiças às suas imoralidades, tendo em vista a concepção de que um verdadeiro Deus não pode carregar atributos tais como injustiça, imoralidade, ciúme, vingança, ignorância, etc., tese incorporada pelas elites intelectuais gregas e que alcança preeminência no mundo greco-romano depois da vitória do cristianismo.

Se a educação de toda a Grécia guarda relação com a obra de Homero, não caracterizando-se como teólogo ou mitógrafo, a sua exposição, envolvendo a totalidade da religião e da mitologia gregas, não acontece de maneira sistemática e exaustiva, havendo sido destinada a uma audiência específica, constituída pelos membros da aristocracia militar e feudal, convergindo para a unificação e a articulação da cultura, escapando ao seu propósito a construção de um tratado de mitologia, tanto quanto à evocação de concepções religiosas e mitológicas estrangeiras, além do âmbito que acena para o horizonte noturno, ctoniano, funerário, que não alcança a esfera dos interesses essencialmente patriarcais e guerreiros, tornando-se as ideias que encerram sexualidade e fecundidade, morte e vida do além-túmulo, objetos de revelação de escritores tardios e escavações arqueológicas, emergindo a leitura homérica dos deuses e de seus mitos como um "universo intemporal de arquétipos" definitivamente estabelecido através dos grandes artistas da época clássica, não implicando a negligência em questão que tudo o que não adquiriu relevância fosse tenebroso, obscuro, inferior ou medíocre, como o atesta o caso de Dioniso.[118]

Procurando uma audiência diferente, Hesíodo se detém na narração dos mitos ignorados ou apenas esboçados através dos poemas homéricos, tornando-se o primeiro a mencionar o mito de Prometeu[119], a despeito do

---

[118]. Filho de Zeus e da princesa Semele, Dioniso, Diónisos ou Dionísio [do grego **Διώνυσος** ou **Διόνυσος**], único deus olimpiano gerado através de uma mortal, o que o caracteriza como uma divindade grega atípica, guarda equivalência com o deus romano Baco, que acena com os ciclos vitais, as festas, o vinho, a insânia, e, sobretudo, com a intoxicação que funde o bebedor com a deidade.

[119]. "O mito de Prometeu é o mito da criação do homem; o criador Prometeu é um titã; isso faz dele alguém que carrega uma série de peculiaridades que o distinguem dos homens e também dos deuses, embora sendo um imortal." [Lafer In: Hesíodo, 2006, p. 63]. "Habilidoso na arte de tramar", Prometeu [em grego **Προμηθεύς**, "antevisão"] tem estatuto de "criador", tal como Zeus ["criador pelo espírito"], à medida que "representa o princípio da intelectualidade", tendo em vista que, no que concerne ao fogo, atributo de Zeus, o titã, para obtê-lo, recorre a um artifício: "Roubando-o, ele o coloca no oco de uma férula, pois aí o fogo se preserva devido à natureza combustível dessa planta, e é por meio desse expediente que a humanidade passa a ter o fogo à sua disposição, não dependendo mais do raio de Zeus." [Lafer In: Hesíodo, 2006, p. 64]. Se no grego antigo Prometheus vem de pro ["antes"] e manthano ["aprender"], significando "antevisão" [etimologia popular], segundo a leitura dos linguistas modernos o referido nome guarda relação com uma raiz proto-indo-europeia que

desvio do sentido ritual original, exemplo que mostra o caráter arcaico de registros que, guardando suas raízes na pré-história, sofreram um longo processo de transformação e modificação, carregando também, a partir da construção em questão, um princípio de sistematização, que demonstra a introdução da racionalidade nas criações míticas, à medida que o poeta, relacionando a procriação à "forma ideal de vir à existência", compreende a genealogia dos Deuses nesta perspectiva, cuja concepção revela a articulação envolvendo o pensamento mítico e o pensamento causal.

Se um processo analítico que porventura envolvesse o mito fosse capaz de suscitar os seus elementos conceituais fundamentais, o seu princípio vital, posto que dinâmico, e não estático, escaparia irremediavelmente, pois a única possibilidade de descrevê-lo se impõe em termos de ação, tendo em vista que o homem primitivo não expressa seus sentimentos e emoções através de meros símbolos abstratos senão de maneira concreta e imediata, a cujo conjunto deve

---

também produziu o *pramath* védico, "roubar", de onde viria *pramathyu-s*, "ladrão", emergindo *Prometeu* como o ladrão do fogo.

se inclinar qualquer investigação que pretenda alcançar a consciência da estrutura do mito e da religião primitiva, segundo Cassirer, que destaca a clareza e a coerência que caracterizam a teoria exposta na obra de Émile Durkheim [1858-1917], que se detém no princípio de que a construção de uma explicação adequada acerca da realidade em referência não guarda correspondência com uma leitura que se circunscreva ao mundo físico, baseada em uma intuição dos fenômenos naturais, mas se mantém relacionada à sociedade, que emerge como *verdadeiro modelo do mito*[120].

> Todos os seus motivos fundamentais são projeções da vida social do homem. Através dessas projeções a natureza torna-se a imagem do mundo social; reflete todos os seus aspectos fundamentais, sua organização e sua estrutura, suas divisões e subdivisões.[121]

Desenvolvendo a tese de Durkheim, Lucien Lévy-Bruhl [1857-1939] descreve o pensamento mítico como

---

[120]. Durkheim, 2003.

[121]. Cassirer, 2005, p. 133.

"*pensamento pré-lógico*"[122], posto que guarda relação com causas que escapam tanto à leitura lógica como à perspectiva empírica, convergindo para o horizonte das "*causas místicas*"[123] à medida que, divergindo da concepção que implica a invariabilidade das leis naturais, a mentalidade primitiva interpreta a natureza como um arcabouço ao qual todas as coisas e todas as criaturas se impõem envolvidas em uma "rede de participações e exclusões místicas", cujo caráter traz como fundamento o fato de que as representações da religião primitiva são "representações coletivas", que não se inclinam às regras da lógica, resistindo ao valor das leis do pensamento racional [como a lei da contradição].

---

[122]. "A mentalidade primitiva, não conceptual, qualitativa e intuitiva, ignora a abstração e a generalização, o raciocínio lógico, principalmente o princípio de identidade, da não-contradição e as relações de causalidade. Assenta num *princípio de participação* segundo o qual uma coisa pode ser ela própria e outra: o indivíduo 'participa' no que o rodeia, o seu pensamento é tanto possuído pelo o objecto como este o possui." [Baraquin; Laffitte, 2004, p. 240, grifos do autor]

[123]. "Fundada na crença em forças sobrenaturais, representações colectivas que favoreçem uma percepção homogeneizante da natureza e dos seres, a mentalidade primitiva ignora a análise objectiva, relaciona os fenómenos a forças ocultas - causas primeiras – e interessa-se pouco pelas causas secundárias, estando o mundo visível numa relação quase imediata com o invisível." [Baraquin; Laffitte, 2004, p. 240]

Se o caráter social fundamental do mito escapa à contestação, à leitura que pretende distinguir a mentalidade primitiva como pré-lógica ou mística guarda contradição diante das evidências antropológicas e etnológicas[124], tendo em vista a comprovação da correlação envolvendo aspectos característicos da vida cultural moderna e as esferas da vida e da cultura primitivas, em cujo âmbito emerge sempre um espaço profano ou secular à margem do campo sagrado, havendo "uma tradição secular que consiste em regras consuetudinárias ou legais e que determina a maneira pela qual a vida social é conduzida".[125]

Defendendo que a concepção que envolve a natureza e a vida humana, embora sob o horizonte que abrange o mito e a religião, não emerge destituída de sentido racional, Cassirer esclarece que se há uma leitura que talvez se incline ao horizonte irracional, pré-lógico e místico não é outra senão aquela que se impõe através das premissas que

---

[124]. "Nos seus *Carnets* póstumos, o autor [Lévy-Bruhl] reconhece que o dualismo da sua tese central tinha sido um erro: mentalidades lógica e pré-lógica coexistem, a níveis variáveis, em todos os tipos de sociedades." [Baraquin; Laffitte, 2004, p. 240]

[125]. Cassirer, 2005, p. 134.

fundamentam a interpretação mítica ou religiosa, não o modo de interpretação, tornando-se necessário que estas sejam incorporadas na perspectiva da mentalidade primitiva a fim de que as inferências que suscitam percam a ilogicidade ou antilogicidade que aparentemente carregam.

Se a construção de um horizonte que o desenha como uma expressão alegórica que encerra uma verdade teórica ou moral – o processo de intelectualização do mito, pois – peca à medida que ignora os fatos fundamentais que se impõem à sua experiência, tendo em vista que o seu verdadeiro substrato não guarda correspondência com o pensamento, mas acena para o horizonte do sentimento, não escapando a estruturalidade que inter-relaciona mito e religião primitiva à coerência, que depende mais da questão que envolve a unidade de pensamento do que de regras lógicas.

Se à pretensão que envolve a descrição e a explicação da realidade o pensamento científico impõe um processo de classificação e sistematização, característica do seu método geral, que converge, enfim, para a instituição de limites e diferenças que se tornam fundamentais e indeléveis, o que distingue o pensamento primitivo é a unidade, pois a sua mente tende a desenvolver uma leitura sintética da vida, cuja percepção remete à um todo contínuo e ininterrupto no qual nada tem uma forma definida, invariável e estática, pressupondo a possibilidade de transformação que abrange qualquer coisa, em cujo âmbito, à medida que é a lei da metamorfose que governa o mundo mítico , "tudo pode ser transformado em tudo", como defende Cassirer, descartando a explicação de que a instabilidade em questão guarda relação com a incapacidade do homem primitivo quanto a apreensão das diferencialidades empíricas das coisas, tendo em vista que toda a sua existência depende de seus dons de observação e discriminação.

    Se a mentalidade primitiva escapa à lógica não é outra a característica que se impõe senão o seu sentimento geral da vida, que possibilita uma abordagem que não se circunscreve a um horizonte pragmático ou técnico, visto que a natureza não se mantém sob a perspectiva que envolve um objeto de conhecimento ou um campo de necessidades práticas imediatas, convergindo a sua visão para transpor os limites que se impõem à leitura que distingue duas esferas de atividade, a saber, a prática e a teórica, à medida que a sua existência permanece imersa em uma região subjacente àquelas, a *simpática*.

Produto da emoção, cujo fundamento "imbui todas as suas produções de sua própria cor específica"[126], ao mito não se impõe uma direção especial que envolva do pensamento à imaginação, emergindo na concepção da natureza e da vida da mentalidade primitiva um sentimento que oblitera as diferenças empíricas das coisas, a saber, a convicção que envolve uma fundamental *solidariedade da vida* que supera a multiplicidade e a variedade de suas formas isoladas, tornando-se a consanguinidade de todas elas um pressuposto geral, tendo em vista que o homem, no que tange à natureza, não atribui a si mesmo um papel singular que implique uma posição de destaque nessa sociedade que não é senão a *sociedade da vida*, para a qual converge a leitura da natureza através do sentimento mítico e religioso que, acenando para a unidade indestrutível da

---

[126]. Cassirer, 2005, p. 137.

vida, culmina na negação do fato da morte, cuja ocorrência, escapando ao horizonte de um fenômeno natural que obedece a leis gerais, não é considerada como necessária, mas acidental, pois a concepção de mortalidade humana não encontra eco no arcabouço mítico e religioso primitivo, havendo uma convicção quanto à unidade e continuidade ininterruptas da vida que, nessa perspectiva, não tendo limites definidos no espaço ou no tempo, em suma, caracteriza o sentimento individual e social.[127]

---

[127]. "A vida humana não é sentida como uma breve aparição no Tempo, entre dois Nadas; é precedida de uma preexistência e prolonga-se numa pós-existência. Muito pouco se conhece acerca desses dois estágios extraterrestres da Vida humana, mas sabe-se pelo menos que eles *existem*. Para o homem religioso, portanto, a morte não põe um fim definitivo à vida: a morte não é mais do que uma outra modalidade da existência humana." [Eliade, 1992, p. 120, grifo do autor]

II PARTE
DO PENSAMENTO MÍTICO À RAZÃO
[DAS RAÍZES SIMBÓLICAS DA TRANSIÇÃO]

Carregando data e lugar de nascimento passíveis de determinação, a saber, século VI a.C. e cidades gregas da Ásia Menor, o pensamento racional representa uma nova forma de reflexão sobre a natureza que se distingue pelo caráter positivo, fundamento do pensamento científico, ou antes do pensamento, tendo em vista a libertação do *lógos* em relação ao mito, cujo evento, engendrado na Escola de Mileto, emerge como "a descoberta do espírito", não se detendo nas fronteiras que a identificam apenas como uma mudança de atitude intelectual, uma mutação mental, pois, não guardando raízes no passado, não pode ter outra origem senão ele próprio, à medida que se mantém em condição de exterioridade em face da história, justificando, nessa perspectiva, o sentido do "milagre" grego que possibilita o reconhecimento da Razão intemporal que o tempo encarna, como esclarece Vernant:

O aparecimento do *lógos* introduziria portanto na história uma descontinuidade radical. Viajante sem bagagem, a filosofia viria ao mundo sem passado, sem pais, sem família; seria um começo absoluto.[128]

Sublinhando, no tocante ao homem grego, uma superioridade quase providencial, cujo legado caracteriza o pensamento ocidental, à perspectiva em questão [129], defendida por John Burnet[130] [1863-1928], se impõe a crise

---

[128]. Vernant, 1973, p. 294.

[129]. Atribuindo ao homem grego a condição que o caracteriza como "predestinado", à medida que encerra em si a encarnação do *lógos*, tal interpretação se impõe ao "milagre grego", defendendo a absoluta originalidade da filosofia grega, conforme expõe Diôgenes Laêrtios [séc. III a.C.] em sua obra, na qual dentre outros textos se destacam os seguintes:
"(1) Segundo alguns autores o estudo da filosofia começou entre os bárbaros. [...].
(3) Esses autores ignoram que os feitos por eles atribuídos aos bárbaros pertencem aos helenos, com os quais não somente a filosofia mas a própria raça humana começou [..].
(4) Dizia-se que Linos era filho de Hermes e da Musa Urania, e que teria composto um poema sobre a cosmogonia, o curso do sol e da lua e a gênese dos animais e das plantas; o início desse poema é o seguinte:
'Houve um tempo em que todas as coisas cresciam juntas.'
Anaxagoras aproveitou essa idéia quando disse que todas as coisas eram originariamente indistintas, até que veio o Espírito e as organizou. [...].
Assim começou a filosofia com os helenos, e seu próprio nome nada tem a ver com a maneira bárbara de expressar-se." [Diôgenes Laêrtios, 2008, pp. 13-14, grifos do autor]

[130]. Tendo em vista a leitura que, dialogando com o horizonte platônico,

que, na contemporaneidade, envolve a física e a ciência, que, desestruturando a lógica clássica, põe em risco o monopólio da razão, questionando os seus princípios, demandando um esforço de investigação que a remete às raízes, processo que traz a leitura de Francis Macdonald Cornford [1874-1943] como relevante à medida que este procura estabelecer o liame que inter-relaciona o arcabouço religioso e os começos do conhecimento racional, instituindo a origem mítica e ritual da primeira filosofia grega, tendo em vista que, contrapondo-se à interpretação vigente, assinala que, ignorando a experimentação e a observação da natureza, a "física" jônia e a ciência [a sua designação atual, no caso] não guardam entre si qualquer

---

correlaciona filosofia e ciência racional e defende a ruptura absoluta envolvendo o pensamento mítico e o pensamento racional:

"I. Foi somente após se desarticularem a visão tradicional do mundo e as normas costumeiras de vida que os gregos começaram a sentir as necessidades que as filosofias da natureza e da conduta procuram satisfazer. Tais necessidades não se fizeram sentir de imediato. As máximas ancestrais de conduta não foram seriamente questionadas até a antiga visão da natureza desaparecer. Por isso, os primeiros filósofos ocuparam-se principalmente com especulações sobre o mundo ao seu redor. [...].

II. No entanto, convém lembrar que o mundo já era muito antigo quando a ciência e a filosofia começaram." [Burnet, 2006, p. 21]

tipo de correspondência, transpondo, em suma, através de uma forma laicizada e um plano abstrato, as fronteiras do sistema de representação da religião.[131]

Dialogando com a questão que se impõe aos mitos cosmogônicos, que não envolve senão a possibilidade de emergência de um mundo ordenado do caos, as cosmologias, que os retomam e desenvolvem, recorrem à um material conceitual análogo, pois os "elementos" dos jônios acenam para o horizonte que encerra antigos seres divinos mitológicos, tendo em vista que, embora escapando à silhueta de deuses individualizados, guardam as características das potências divinas, emergindo como ativas, animadas e imperecíveis, havendo também uma inter-relação do mundo homérico e do cosmo jônico, à medida que se aquele carrega uma ordenação que traz como fundamento uma partilha dos domínios e das honras entre as divindades, este último contém uma organização estabelecida por intermédio de uma divisão das províncias que reúne forças opostas interdependentes.

À correspondência estrutural que emerge através da

---

[131]. Cornford, 1981.

intersecção que envolve a filosofia de Anaximandro[132] e a *Teogonia*[133] [Hesíodo] se impõe uma analogia que alcança o próprio processo de elaboração conceitual que o poema em questão carrega [hino religioso de glória a *Zeus*[134]], que

---

[132]. Discípulo de Tales de Mileto [640 ou 639 a.C./546 ou 545 a.C.], expoente do pensamento pré-socrático e responsável pela introdução em seu arcabouço do tema da *arché*, que, designando a origem, o começo, o primordial, se impõe, segundo o "pai da filosofia grega", como a água, que emerge como o elemento indiferenciado, o material único de onde tudo procede, Anaximandro [610 a.C./547 a.C.] pensa não em um princípio material mas no *ápeiron* [termo composto pelo prefixo negativo *a* e pelo vocábulo *peras*, que significa limite, fronteira], o ilimitado, o infinito, do qual derivam, através de uma série de trocas mútuas, os elementos materiais como a terra, a água e o fogo. "Não é uma mistura dos vários elementos corpóreos, em que estes estejam compreendidos cada um com as suas qualidades determinadas, mas é matéria em que os elementos ainda não estão distintos e que, por isso, além de infinita, é também indefinida e indeterminada (Diels, A, 9)." [Abbagnano, 2007, p. 71]

[133]. "*Teogonia*, de *theós*, deus, e *gígnesthai*, nascer, significa nascimento ou origem dos deuses. Trata-se, portanto, de um poema de cunho didático, em que se procura estabelecer a genealogia dos *Imortais*. Hesíodo, todavia, vai além e, antes da *teogonia*, coloca os fundamentos da *cosmogonia*, quer dizer, as origens do mundo." [Brandão, 1986, p. 153, grifos do autor]

[134]. Suprema divindade da maioria dos povos indo-europeus, *Zeus* [em grego, **Ζεύς**, transl. *Zeús*], cujo nome significa "o deus luminoso do céu", é o *rei dos deuses, soberano do Monte Olimpo e deus do céu e do trovão*, segundo a mitologia grega, que se lhe atribui inúmeros epítetos que não o caracterizam senão como "um deus tipicamente da atmosfera: *ómbrios*,

tende, em suma, à construção naturalista do filósofo, funcionando a temática mítica de ordenamento do mundo, diante da física jônica, como modelo, segundo o esquema proposto por Cornford:

> 1.º) no começo, há um estado de indistinção onda nada aparece; 2.º) desta unidade primordial emergem, por segregação, pares de opostos, quente e frio, seco e úmido, que vão diferenciar no espaço quatro províncias: o céu de fogo, o ar frio, a terra seca, o mar úmido; 3.º) os opostos unem-se e interferem, cada um triunfando por sua vez sobre os outros, segundo um ciclo indefinidamente renovado, nos fenômenos meteóricos, na sucessão das estações, no nascimento e na morte de tudo o que vive, plantas, animais e homens.[135]

"Segregação a partir da unidade primordial, luta e união incessante dos opostos, mudança cíclica eterna"[136], eis as noções que constituem o fundamento da construção jônica, convergindo, pois, para caracterizar as fronteiras que guardam as raízes da sua cosmologia, que não assinalam

---

hyétios (chuvoso); *úrios* (o que envia ventos favoráveis); *astrápios* ou *astrapaîos* (o que lança raios); *brontaîos* (o que troveja). Nesse sentido, diz Teócrito que Zeus ora está sereno, ora desce sob a forma de chuva. Num só verso (*Il.* XV, 192), Homero sintetiza o caráter celeste do grande deus indo-europeu: *Zeus obteve por sorte o vasto céu, com sua claridade e suas nuvens.*" [Brandão, 1986, pp. 331-332, grifos do autor]

[135]. Vernant, 1973, p. 297.
[136]. Vernant, 1973, p. 297.

senão o arcabouço do pensamento mítico, emergindo um liame de continuidade histórica envolvendo este e a reflexão filosófica que se contrapõe, pois, à teoria do milagre grego, convergindo, em suma, para caracterizar a filiação, que acena para uma problematicidade que, carregando uma nova forma, demanda uma investigação que mais do que procurar na filosofia o antigo pretenda dialogar com o verdadeiramente novo, identificando a mutação mental em questão, definindo da natureza à amplitude, dos limites às condições históricas.

A racionalização se impõe, pois, como a perspectiva para a qual converge a leitura filosófica do mito, que o transforma, em suma, de uma narrativa em um problema explicitamente formulado, tendo em vista que a ordem natural e os fatos atmosféricos [chuvas, ventos, tempestades, raios] alcançam independência em relação a função real à medida que o antigo rito perde o seu valor diante da *pólis* e das novas formas políticas que emergem, escapando à linguagem mítica até então predominante, configurando a "abertura" da discussão quanto aos referidos temas [gênese da ordem cósmica e explicação dos *meteora*], cumprindo o filósofo, engendrando uma teoria que dialoga com o âmbito que encerra as realizações atreladas à figura real, o papel destinado à personagem em questão.[137]

Se função real e ordem cósmica não mais guardam correspondência através da leitura de Hesíodo, a narrativa da gênese do mundo, escapando à relação que envolve o rito, converge para as fronteiras que assinalam um processo natural, à medida que carrega uma lógica caracterizada pela ambiguidade, apreendendo simultaneamente um fenômeno idêntico sob a acepção de fato natural no mundo visível e através da perspectiva da geração divina no tempo primordial, emergindo os elementos [água, terra], na interpretação dos milésios, destituídos do aspecto antropomórfico que os envolviam, não se configurando como personagens míticas nem como realidades concretas, mas como "forças" eternamente ativas, divinas e naturais que se circunscrevem à produção de um efeito físico determinado que acena para uma qualidade geral abstrata, tendo em vista que, ou sob o nome de terra e de fogo, ao

---

[137]. Vernant, 1973, p. 299.

seco e quente, como qualidades substantificadas e objetivadas, se agrega o artigo cujo emprego torna cada qual uma realidade definida por uma ação que contém um aspecto de "força" que dispensa a interpretação mítica, perdendo o original, o primordial, o seu mistério.[138]

Dominando a totalidade do ser, a positividade, sob a perspectiva dos "Físicos", incluindo os homens e os deuses, converge para assinalar tudo o que é real como Natureza [phýsis], que, dissociada das raízes do arcabouço mítico, se impõe como força que emerge como vida e movimento, não mais correlacionando os sentidos que carregam tanto produzir e gerar quanto origem e nascimento, cuja interpretação, confundindo-os, demandava antes uma construção explicativa do devir que acenava para a imagem mítica da união sexual, visto que, alcançando o horizonte da abstratividade, os elementos naturais escapam ao

---

[138]. Eis a "inovação mental" que se impõe ao contexto em questão, conforme explica Vernant que, no tocante ao novo emprego do artigo τό, assinala que "o quente" implica uma realidade que não guarda correspondência senão com "a ação de aquecer", que se lhe define inteiramente, dispensando "uma contrapartida mítica como Hefesto." [Vernant, 1973, p. 300]

processo em questão através da cosmologia que, não se detendo apenas na mudança da linguagem, transforma o conteúdo, inclinando-se sobre os princípios constitutivos do ser, desenhando um sistema que pretende dialogar, enfim, com a estruturalidade do real.

Se, nessa perspectiva, o devir torna-se um problema que converge para as fronteiras que dialogam com a questão que transpõe o horizonte da mudança, envolvendo, pois, a estabilidade, a permanência, a identidade, os liames míticos que a noção de *phýsis* ainda carregam perdem a sua força, sucumbindo diante dos modelos propostos pelas engenhosidades técnicas, que se impõem para justificar as transformações no cosmo, à medida que a explicação envolvendo o movimento de uma máquina escapa ao processo de alteração que o dinamismo vital gera, detendo-se na estruturalidade permanente da matéria, alcançando o domínio em questão uma exatidão rigorosa, tendo em vista que, esvaziando-se gradualmente do elemento divino que o caracterizava, o mundo acena para uma concepção que o identifica como um mecanismo.

À unidade da *phýsis* se impõe, segundo a perspectiva

dos sábios da Magna Grécia [Itália], a dualidade do homem, que emerge através de uma experiência que simultaneamente abrange as fronteiras que envolvem a religião e a filosofia, tendo em vista a concepção da existência de uma alma humana que, opondo-se ao corpo, o governa, possuindo uma forma de ação e movimento que transpõe o âmbito do deslocamento material acenando para uma dimensão que guarda a possibilidade de estabelecer uma relação com o divino, escapando ao tempo e à mudança, a saber, o pensamento, convergindo para a conclusão que assinala que, subjacente à natureza – e mesmo contraposta à *phýsis* -, há uma realidade que, embora invisível, secreta e oculta, torna-se mais verdadeira, demandando do filósofo a sua revelação.

Se recorre à estruturalidade do pensamento mítico, conforme assinala a perspectiva em questão, o pensamento racional procura manter-se à distância em relação aos seus fundamentos, à medida que se no caso do mito a diversidade dos planos esconde uma ambiguidade que engendra confusão, no âmbito da filosofia a sua multiplicação tende, através do "desdobramento" da *phýsis*, para possibilitar a definição e a elaboração recíprocas das noções que envolvem humano, natural, divino, tendo em vista que o ser autêntico que carrega a pretensão de alcançar transpõe o horizonte do sobrenatural diferente, que esgota-se nas fronteiras que encerram da pura abstração à identidade consigo mesma, do princípio do pensamento racional à objetividade sob a forma do *lógos*, caracterizando-se a exigência da positividade, no caso dos jônios, como uma construção que converge para o conceito da *phýsis*, no caso parmenídico, para o conceito do Ser, imutável e idêntico, ambos representando uma ruptura com o mito, engendrando uma dialética que concorre para a construção da história da filosofia.

> O nascimento da filosofia aparece, por conseguinte, solidário de duas grandes transformações mentais: um pensamento positivo, excluindo toda forma de sobrenatural e rejeitando a assimilação implícita estabelecida pelo mito entre fenômenos físicos e agentes divinos; um pensamento abstrato, despojando a realidade desta força de mudança que lhe conferia o mito, e recusando a antiga imagem da união dos opostos em benefício de uma formulação categórica do princípio de identidade.[139]

---

[139]. Vernant, 1973, p. 303.

Às condições que possibilitam a emergência do acontecimento em questão na Grécia do século VI se impõem as transformações sociais e políticas precedentes, que envolvem a institucionalização da moeda, do calendário, da escrita alfabética, tanto quanto a importância alcançada pela navegação e pelo comércio, além da nova orientação que o pensamento assume convergindo para a prática, conforme propõe Pierre-Maxime Schuhl [140] [1902-1984] investigando a filosofia positiva dos milésios, estabelecendo Benjamin Farrington [141] [1891-1974] uma relação entre o racionalismo dos físicos da Jônia e o progresso técnico das cidades gregas da Ásia Menor, cuja influência, no âmbito da vida social, concorre para uma interpretação mecanicista e instrumentalista do universo, que se sobrepõe, pois, aos antigos esquemas antropomórficos, a cuja tese se contrapõe George Thomson [142], que defende a impossibilidade quanto à

---

[140]. Schuhl, 1949.

[141]. Farrington, 1961.

[142]. Thomson, 1974.

existência da correspondência em referência, à medida que a Grécia, na dimensão da técnica, não expõe invenção ou inovação alguma, não conseguindo sobrepujar o Oriente [do qual, neste campo, torna-se tributária], que jamais pôde escapar ao mito, organizando uma filosofia racional, adquirindo relevância a intervenção de outros fatores no processo, a saber, a ausência de um sistema monárquico [segundo o modelo oriental], a economia mercantil [moeda], a destituição, no tocante aos objetos, do valor de uso e a atribuição do valor de troca, que se interseccionam na mutação do pensamento religioso em racional.

> A física jônia esclareceu-nos sobre o conteúdo da primitiva filosofia; mostrou-nos aí uma transposição dos mitos cosmogônicos, a "teoria" dos fenômenos de que o rei, nos tempos antigos, possuía o domínio e a prática. A outra corrente do pensamento racional, a filosofia da Magna Grécia, vai permitir-nos esclarecer as origens do filósofo, os seus antecedentes como tipo de personagem humano.[143]

Se os primórdios da história intelectual da Grécia trazem figuras semilendárias, pertencentes à classe dos videntes e dos magos, como encarnação do modelo mais

---

[143]. Vernant, 1973, p. 304.

antigo do "Sábio", não é senão com a lenda de Pitágoras[144], fundador da primeira seita filosófica, que algumas destas personalidades guardam correlação, à medida que do seu tipo de vida à sua superioridade espiritual se impõe uma condição que converge para identificá-las como "divinas", remetendo a uma forma arcaica de mântica entusiástica que assinala a existência dos *demiourgói*, categoria de adivinhos públicos que encerra simultaneamente aspectos que abrangem do profeta ao poeta, do músico ao cantor e bailarino, do médico ao purificador e curandeiro, que difere do sacerdote, contrapondo-se, muitas vezes, ao rei, tornando-se relevante o fato de que, constituindo-se funções associadas, adivinho, poeta e sábio detêm um

---

[144]. "Pitágoras, nascido em 570 a.C., é conhecido principalmente por ter fundado uma seita de tipo órfico cujo objectivo era ensinar um ritual de purificação mantido secreto pelos iniciados. Também é conhecido pela sua doutrina da transmigração das almas: a alma, prisioneira no seu corpo como se fosse um túmulo, está destinada, depois de um julgamento, a numerosas reencarnações em corpos de homens ou de animais. Mas o que constitui a sua originalidade e o distingue das seitas órficas é a sua exigência de inteligibilidade matemática e as suas investigações na geometria e na aritmética. O *pitagorismo* é, deste modo, a concepção segundo a qual o número é o princípio de todas as coisas." [Baraquin; Laffitte, 2004, pp. 323-324, grifo do autor]

poder mântico idêntico, à medida que possuem uma faculdade excepcional de vivência, um extra-sentido, pois, que se sobrepõe às aparências sensíveis, possibilitando o acesso, enfim, a uma dimensão de mundo interdita aos mortais.

> O adivinho é um homem que vê o invisível. Conhece pelo contato direto as coisas e os acontecimentos dos quais está separado no espaço e no tempo. Uma fórmula define-o de modo quase ritual: um homem que sabe todas as coisas passadas, presentes e futuras. Fórmula que se aplica igualmente ao poeta inspirado, com a simples diferença de que o poeta tende sobretudo a especializar-se na exploração das coisas do passado.[145]

Objetivando mais a instrução do que o divertimento, a uma poesia que acena com a seriedade não se impõe as coisas do passado, objetos da inspiração divina, como uma relação de personagens e acontecimentos humanos, conforme a perspectiva homérica, mas converge para a narração verídica das "origens", tal como em Hesíodo, descortinando, através da própria forma do hino, do encantamento e do oráculo, o que se mantém em estado

---

[145]. Vernant, 1973, p. 305.

oculto nas profundezas do tempo, a verdade essencial que intersecciona um mistério religioso e uma doutrina de sabedoria, ambiguidade que não escapa à mensagem do primeiro filósofo, tendo em vista a correspondência que guarda com uma realidade que permanece subjacente às aparências, não se inclinando, por esse motivo, ao âmbito do conhecimento vulgar.

> A forma do poema em que se exprime ainda uma doutrina tão abstrata, como a de Parmênides, traduz este valor de revelação religiosa que conserva a filosofia nascente. Tal como o adivinho e o poeta, e ainda confundido com eles, o Sábio define-se originalmente como o ser excepcional que tem o poder de ver e de fazer ver o invisível.[146]

Um eleito, cuja graça divina possibilita a realização de uma viagem mística através de um caminho que invoca a Via dos mistérios, destino de uma visão que, obtida por meio de uma espécie de *epoptéia*, consagra o primeiro grau de iniciação – eis a definição do procedimento, da natureza da sua atividade espiritual, do objeto do seu questionamento, enfim, segundo o vocabulário religioso ao

---

[146]. Vernant, 1973, p. 306.

qual recorre o filósofo que, escapando ao âmbito da multidão dos "insensatos", torna-se integrante do círculo restrito que abrange aqueles que viram, que sabem, conforme prefigura a hierarquia dos membros da confraria pitagórica e dos três tipos de humanidade que, de acordo com Heráclito, corresponde àqueles que ouvem o *lógos*, àqueles que o ouvem sem compreendê-lo ainda, àqueles que não o ouviram.[147]

À visão divinatória do poeta, que se mantém sob o signo da deusa *Mnemosýne*[148], mãe das *Musas*[149], não se

---

[147]. "Deste lógos sendo sempre os homens se tornam descompassados quer antes de ouvir quer tão logo tenham ouvido; pois, tornando-se todas (as coisas) segundo esse lógos, a inexperientes se assemelham embora experimentando-se em palavras e ações tais quais eu discorro segundo (a) natureza distinguindo cada (coisa) e explicando como se comporta. Aos outros homens escapa quanto fazem despertos, tal como esquecem quanto fazem dormindo." [Heráclito In: Souza, 1999, p. 87]. Convém esclarecer o significado do termo "descompassados" que, correspondendo à palavra grega *axynetoi*, guarda literalmente o sentido que implica a noção que envolve "que-não-se-lançam-com", em suma, "que não compreendem".

[148]. "MNEMÓSINA, em grego Μνησούνη (Mnemosýne), prende-se ao verbo μιμνἠσχειν (mimnéskein) 'lembrar-se de', donde Mnemósina é a personificação da Memória. Amada por Zeus, foi mãe das nove Musas." [Brandão, 1986, p. 202]

impõe senão a possibilidade de ver a realidade imutável, tal como o adivinho, convergindo para as fronteiras que assinalam uma relação que envolve o original que, em face da ação do tempo, somente se permite à descoberta humana através de uma ínfima parte, tendo em vista que como função reveladora do real a memória não se esgota como sobrevoo do tempo, na acepção de um poder capaz de representar-se a ordem dos acontecimentos do passado, invocando lembranças individuais, mas emerge como evasão fora do tempo, fenômeno corporificado pela *anámnesis* [150] filosófica, caracterizando-se a noção de *reminiscência platônica* [151] como uma ruptura com as

---

[149]. Musa, em grego **Μοῦσα** (Mùsa), guarda relação com *men-dh*, que significa "fixar o espírito sobre uma ideia, uma arte", o que implica que o vocábulo, nesse sentido, dialogaria com o "verbo **μανθάνειν** (manthánein), aprender", segundo Brandão [1986, p. 202], que esclarece os nomes e as funções das nove Musas, a saber: "*Calíope* preside à poesia épica; *Clio*, à história; *Polímnia*, à retórica; *Euterpe*, à música; *Terpsícore*, à dança; *Érato*, à lírica coral; *Melpômene*, à tragédia]; *Tália*, à comédia; *Urânia*, à astronomia." [Brandão, 1986, p. 203]

[150]. Vocábulo grego que significa "ação de lembrar-se": "Na filosofia platônica, a anamnese consiste no esforço progressivo pelo qual a consciência individual remonta, da experiência sensível, para o mundo das ideias." [Japiassú; Marcondes, 2008, p. 10]

[151]. "Em um sentido genérico, lembrança ou recordação de algo. Em

concepções helênicas da alma no tocante aos liames que circunscrevem uma determinada ideia da Memória e uma nova doutrina da imortalidade.

Se a perspectiva em questão se impõe como uma inovação, conferindo originalidade ao horizonte mítico da filosofia grega, alcança relevância a experiência do movimento dionisíaco, que assinala, em suma, a condição que caracteriza a separação da alma em relação ao corpo e da sua união com o divino, à medida que o êxtase que propõe configura um delírio coletivo, representando, enfim, um estado impessoal de sofrimento passivo, contraposta a cuja leitura emerge a concepção de uma alma individual, que em si mesma e por si mesma detém o poder inato que a capacita a alcançar a libertação do corpo, possibilitando-a a viajar no além, crença que não encontra eco no culto de Dioniso mas que guarda raízes nas práticas que acenam

---

Platão (*Ménon, Fédon*), doutrina segundo a qual a alma, antes de sua encarnação no corpo, teria tido contato direto com as formas que constituem o mundo inteligível, e delas se recordaria posteriormente quando já encarnada. A recuperação desse contato estaria na base da possibilidade do conhecimento e constituiria seu ponto de partida. Isso explicaria a possibilidade de termos um conhecimento prévio à experiência e independente dela, sendo portanto uma forma de inatismo ou apriorismo." [Japiassú; Marcondes, 2008, p. 239]

para a personagem e o comportamento do *xamã* das civilizações da Ásia do Norte, que prefigura, em suma, o filósofo.

À teoria da metempsicose[152], que emerge do contexto religioso em questão, se impõe um relação que envolve o ensinamento do primeiros sábios, que, nesta perspectiva, guarda correspondência com a concepção arcaica da renovação cíclica da vida na morte, alcançando a velha ideia que envolve um movimento entre os mortos e os vivos um sentido exato à medida que acena para a possibilidade quanto à aquisição de um novo tipo de imortalidade pessoal através do exercício ascético que engendra o

---

[152]. Do "gr. *metempsúkhósis,eós*, 'passagem da alma de um corpo para um outro', de *metá*, 'mudança' + v. gr. *Empsukhóó*, 'animar', este de *émpsukhos,os,on*, 'que tem o sopro em si, animado', e de *em*, 'em, dentro' + *psukhê,ês*, 'sopro', pelo lat. tar. *metempsychósis,is*, 'id.'" [Etimologia]; "movimento cíclico por meio do qual um mesmo espírito, após a morte do antigo corpo em que habitava, retorna à existência material, animando sucessivamente a estrutura física de vegetais, animais ou seres humanos; reencarnação" [Rubrica: religião]; e, por derivação, por extensão de sentido, "doutrina que professa esta crença, difundida pelo misticismo especulativo do *orfismo* e *pitagorismo*, e adotada por correntes filosóficas como o *empedoclismo*, *platonismo* e *neoplatonismo* [Concepções semelhantes encontram-se em religiões orientais como o *budismo* ou o *hinduísmo*]." [Rubrica: filosofia, religião] [Dicionário (1), 2014]

domínio da alma, capacitando-a a viajar no outro mundo, tendo em vista que a disciplina de tensão e concentração espirituais converge para a sua evasão das fronteiras da vida, culminando no processo de recordação da totalidade do ciclo das suas encarnações passadas. Conclusão:

> Entre o domínio da alma, sua evasão fora do corpo e a ruptura do fluxo temporal pela rememoração das vidas anteriores, há uma solidariedade que define o que se pôde designar por *xamanismo* grego e que aparece ainda plenamente no pitagorismo antigo.[153]

Se consiste em ensinar, fazer Escola, pois, a função do primeiro filósofo, a sua proposta não envolve senão a transmissão do segredo do *xamã* a um corpo de discípulos, tornando-o, através da transferência para estes daquilo que se constituía um monopólio de uma personalidade excepcional, objeto de ensino e discussão que não converge senão para a sua organização em doutrina, acenando a experiência individual em questão, que carrega a ideia de reencarnação, para o âmbito da generalização, sob a forma de uma teoria, no tocante à espécie humana, configurando a inter-relação dos fatores em referência, que envolve, em

---

[153]. Vernant, 1973, p. 308, grifo do autor.

suma, um processo que pretende conferir publicidade a um saber antes interdito, um fenômeno que abrange o período de perturbação social e efervescência religiosa que se manifesta entre os séculos VIII e VII a.C., a saber, a viragem da história que prepara o surgimento da Cidade, representada por meio de uma série de planos, tais como, desde a popularização, e a integração em relação ao Estado, das prerrogativas religiosas que as *gene* reais e nobiliárias controlavam - do conhecimento às imagens de caráter sagrado -, até a formulação por escrito e publicação das decisões de justiça, culminando com a emergência do culto oficial e de uma religião pública, à margem da qual não deixam de se organizar formas novas de sociedades religiosas, como esclarece Vernant:

> A criação de uma seita religiosa com as que se denominam órficas, a fundação de um mistério, e a instituição de uma confraria de "sábios", como a de Pitágoras, manifestam, em condições e meios diferentes, o mesmo grande movimento social de alargamento e de divulgação de uma tradição sagrada aristocrática.[154]

---

[154]. Vernant, 1973, p. 309.

Se ao processo em questão a filosofia se impõe como destino, o seu progresso determina a ruptura do âmbito da ordem da qual emerge, transpondo a circunscrição de um grupo a sua mensagem que, por intermédio da palavra e da escrita alcança todas as cidades, convergindo para a sobreposição da argumentação dialética em relação à iluminação sobrenatural, tendo em vista a sua transformação em um objeto de debate público e contraditório, emergindo, nesta perspectiva, uma solidariedade envolvendo o nascimento do filósofo e o aparecimento do cidadão, à medida que no âmbito das formas sociais a cidade corporifica a ruptura entre a natureza e a sociedade, cujo evento pressupõe a atividade de um pensamento racional na esfera das estruturas mentais.

À relevância que, nessa perspectiva, a ordem política alcança em detrimento da organização cósmica, se impõe, em função do debate que como uma instituição humana suscita, a intervenção da filosofia, que carrega o poder de administrar a subversão para a qual converge uma economia mercantil, e definir um equilíbrio político capaz de restaurar a unidade e a estabilidade da sociedade, assumindo o filósofo as funções do rei-sacerdote diante de um contexto que assinala a ruptura entre a natureza e a sociedade, em cujo arcabouço "a ordem social, tornada humana, presta-se a uma elaboração racional do mesmo modo que a ordem natural tornada *phýsis*".[155]

---

[155]. Vernant, 1973, p. 311.

III PARTE
MYTHOS E LÓGOS

Se o *lógos*, nas fronteiras da era clássica, tende a assumir progressivamente o sentido de *discurso regrado* que, consequentemente, encaminha para a circunscrição que envolve um raciocínio que remete à razão, ao cálculo e à medida, inclinando-se a se opor ao mito, este, antes, na *era arcaica* da Grécia, carrega o significado que acena para uma *narrativa sagrada* [equivalente a um *lógos* qualificado de *hieros*], convergindo a própria evolução semântica do vocábulo [a saber, *mythos*], para um horizonte que assinala indícios quanto a inter-relacionalidade em questão [envolvendo o *lógos*], à medida que a leitura interpretacional o põe como uma derivação de *myo* [fechar], ou ainda de *myéo* [iniciar, instruir], que dialoga com um âmbito que não guarda correspondência senão com "mistério", suscitando a exclamação *mû* [da qual emerge *myo* e *myéo*] a hipótese de que o lamento em questão esconde as raízes dos termos que indicam "emudecer" e "fazer-se sentir", concluindo os especialistas, no entanto, que a palavra [mito, no caso] remete a *meudh* [ou *mudh*], uma raiz indo-europeia que traz diversas acepções, como "recordar-se", "aspirar", "preocupar-se", cuja etimologia desnuda o seu *sentido* fundamental, "pensamento", legitimado por Ésquilo [156], Sófocles [157] e Homero, que em suas obras usam as expressões *mytholomai*, *muythologeo*, *mythologia*, conforme defende Perine, que esclarece:

> Em comparação com o campo semântico do vocábulo *epos*, que também significa "palavra", "canto", de onde vem "épica", o campo semântico do vocábulo *mythos*, no sentido geral de "palavra formulada", inclui os seguintes sentidos: notícia, mensagem, conto, história, boato, narração à qual se dá crédito, fábula, saga, lenda.[158]

---

[156]. Criador da tragédia grega, segundo Aristóteles [384 a.C./322 a.C.], *Ésquilo* [em grego, **Αἰσχύλος**, transl. *Aiskhýlos*], o mais antigo dos três grandes dramaturgos gregos [os outros são *Sófocles* e *Eurípedes*], nasceu em *Elêusis*, nas proximidades de Atenas, em 525/524 a.C., e morreu em *Gela* [Sicília] em 456 a.C., sendo autor da *Oréstia*, trilogia que reúne *Agamêmnon*, *Coéforas* ["Portadoras de Oferendas"] e *Eumênides* ["Deusas Benévolas"], além de outras 87 peças.

[157]. *Sófocles* [em grego, **Σοφοκλῆς**, *Sophoklés*], que nasceu em Colono, subúrbio de Atenas [Grécia] em 496 a.C., e morreu na mesma localidade em 406 a.C., havendo composto aproximadamente 123 peças teatrais, dentre as quais se destacam as tragédias que constituem a trilogia tebana, a saber, *Édipo Rei*, *Édipo em Colono* e *Antígona*. *Édipo Rei* é considerada a sua obra-prima.

[158]. Perine, 2007, p. 70.

Nesta perspectiva, à procura do *sentido* do mito se impõe uma investigação que envolve, em síntese, três possibilidades, a saber, em primeiro lugar, a própria mitologia, que tem como representante Claude Lévi-Strauss [1908-2009] que, por meio da interpretação tautegórica, que entende a mitologia como uma "mito-lógica", convergindo para a proposta que assinala que "o sentido de um mito não se deve procurar num invariável exterior ao seu próprio funcionamento numa estrutura, que compreende uma infinidade de versões do mesmo mito"[159]; em segundo lugar, fora ou além da mitologia, que, designada como "alegórica", caracteriza-se pela leitura que busca um significado oculto por intermédio da "roupagem fabulosa" que carrega, trazendo, sob o nome de *hupónoia* ["suspeita" ou "conjetura"], os pitagóricos e os estoicos como os seus principais defensores na Grécia; em terceiro lugar, através da mitologia, que de acordo com o pensamento de Paul Ricoeur [1913-2005], corporifica, à medida que

---

[159]. Baraquin; Laffitte, 2004, p. 237.

pretende alcançar o elemento indizível que escapa ao discurso racional, uma interpretação simbólica ou metafórica.

Se alcança relevância dois desses modos de investigação, o primeiro [modelo estrutural] e o terceiro [modelo metafórico], que impõem ao mito uma interpretação que o identifica como uma forma de discurso [campo da linguística], a análise estrutural da linguagem [que traz como representantes Ferdinand de Saussure (1857-1913), os estruturalistas da escola de Praga e os formalistas russos], recurso de Lévi-Strauss, revela que tal modelo implica uma oposição envolvendo língua e palavra, priorizando as regras do jogo linguístico, não os acontecimentos da linguagem, caracterizando-se pelas considerações que envolvem a constituição sincrônica do sistema ["conjunto fechado sobre si mesmo"], ignorando a sua diacronia, além de atentar somente para a forma, tanto semântica como fonológica, não para a substância.[160]

---

[160]. "As unidades elementares do discurso mítico consistem, claro, em palavras e frases, mas estas, neste uso particular e sem querer levar a analogia demasiado longe, seriam mais da ordem do fonema: unidades

A circunscrição do mito, sob a acepção de relato, ao arcabouço das estruturas semiológicas, em cujo domínio o sistema de oposições e combinações guarda relação com uma perspectiva formal, enquanto organização que se impõe ao pensar o mundo, além da caracterização do funcionamento inconsciente das regularidades que possibilitam a sua lógica, assegurando-a, eis os fatores que se inter-relacionam convergindo para a conclusão de que há uma correspondência envolvendo a estrutura do mito e a estrutura do espírito[161], acenando para um horizonte que o assinala como habitado pelos falantes, mais do que somente falado, aspectos que, embora relevantes, não alcançam a questão da intenção do mito, que escapa a esta proposta interpretativa, sintetizada pela condicionalidade que dialoga com a possibilidade da sua eliminação, trazendo consigo simultaneamente a sua negação, que, em suma, encaminha para o leito da indefinição a sua

---

desprovidas de significação própria, mas permitindo produzir significações num sistema em que elas se opõem entre si e devido ao próprio facto desta oposição." [Lévi-Strauss, 1986, p. 210]

[161]. Lévi-Strauss, 1982.

pretensão de dizer algo sobre a realidade. Articulando o projeto hermenêutico que objetiva a interpretação e a decifração de todos os signos do homem através da abordagem fenomenológica, Paul Ricoeur empreende, sob a perspectiva da autoridade discursiva do mito, uma leitura que emerge através de um modelo de caráter metafórico ou simbólico que converge para as fronteiras que trazem como fundamento a concepção de que a transferência de *sentido* se impõe, não como uma propriedade da estrutura da linguagem, mas como um fenômeno do campo do discurso[162], cujo enunciado carrega

---

[162]. Construção elaborada através da obra A *metáfora viva*, em cujo prefácio Ricoeur defende que "[a] metáfora apresenta-se, então, como uma estratégia de discurso que, ao preservar e desenvolver a potência criadora da linguagem, preserva e desenvolve o poder *heurístico* desdobrado pela *ficção*." [Ricoeur, 2000, p. 13, grifos do autor], alcançando relevância também, segundo o propósito do referido estudo, o texto para o qual converge o pensamento ricoeuriano no que concerne à relação envolvendo metáfora e símbolo em *Teoria da interpretação*: "A metáfora é o procedimento linguístico - forma bizarra de predicação - dentro do qual se deposita o poder simbólico. O símbolo permanece um fenômeno bidimensional na medida em que a face semântica se refere à não semântica. O símbolo está ligado de um modo não presente na metáfora. Os símbolos têm raízes. Os símbolos mergulham na experiência umbrosa do poder. As metáforas são precisamente a superfície linguística dos símbolos e devem o seu poder

o *sentido* e a *referência*[163], situando-o e compreendendo-o no âmbito que, não se circunscrevendo ao horizonte que se detém nas unidades da língua [semiótica], envolve as unidades de discurso [semântica].[164]

Transpondo as fronteiras que a circunscrevem como um procedimento retórico da língua, que assinala a transferência de *sentido*, tal leitura pressupõe o processo metafórico, subjacente a todas as operações da linguagem, e que envolve a inter-relação de elementos que vão da metonímia à metáfora [com todas as nuances do termo], da

---

de relacionar a superfície semântica com a superfície pré-semântica nas profundidades da experiência humana à estrutura bidimensional do símbolo." [Ricoeur, 1976, p. 81]

[163]. "Enquanto o sentido é imanente ao discurso, e objectivo no sentido de ideal, a referência exprime o movimento em que a linguagem se transcende a si mesma. Por outras palavras, o sentido correlaciona a função de identificação e a função predicativa no interior da frase, e a referência relaciona a linguagem ao mundo. É um outro nome para a pretensão do discurso a ser verdadeiro." [Ricoeur, 1976, p. 31]

[164]. Constituindo-se "a chave de todo o problema da linguagem", segundo Ricoeur, eis a distinção que a sua perspectiva estabelece: "A semiótica, a ciência dos signos, é formal na medida em que se funda na dissociação da língua em partes constitutivas. A semântica, a ciência da frase, diz imediatamente respeito ao conceito de sentido [sinônimo de significação], na medida em que semântica se define fundamentalmente mediante procedimentos integrativos da linguagem." [Ricoeur, 1976, p. 19]

polissemia à estrutura contextual que, escapando à um referencialidade única, instaura a polifonia na discursividade, possibilitando o jogo, a poesia, uma arquitetura de significações que desenha a *intenção significante do mito*.[165]

> O mito explica, entroniza – quer seja capaz de mentir ou de "deformar", de consolar, de mobilizar ou de cegar; tudo isto vem em seguida e decorre, segundo nós, de sua função primeira que é e permanece explicativa, mesmo quando as dimensões desta explicação se vêem repentinamente reduzidas, mesmo quando viesse a se esfumar esta "intenção etiológica" que se quis lhe recusar em nossa sociedade moderna.[166]

Se uma das conexões de signos do mecanismo do processo metafórico se estabelece através da ordem de sucessão na mesma cadeia verbal, na presença uns dos

---

[165]. *Figurativa* ou *representativa*, *paradigmática* e *afetiva*, eis a classificação proposta pela leitura de Ricoeur acerca da *intenção significante do mito*, consistindo a primeira na função de instaurar modelos de ação, cumprindo a segunda o papel que implica a coesão envolvendo a narração das origens e o tempo presente [tendo em vista a sua capacidade de se impor à reativação produzida pelo rito], emergindo a terceira nas fronteiras que encerram os fatores característicos da subjetividade, à medida que converge para "criar aquilo a que podemos chamar o núcleo mítico-poético da existência humana." [Ricoeur, 1988, p. 29].

[166]. Cexus In: Luccioni et al., 1977, p. 161.

outros [caráter sintagmático], o segundo tipo de combinação, fundada nas relações de semelhança constitutivas da esfera de associação, se desenvolve na ausência uns dos outros [caráter paradigmático], encerrando a possibilidade de escolha das palavras a exclusão de outras, traduzindo, a primeira série, o princípio das concatenações sintáticas da linguagem [correspondente, no plano do discurso, à metonímia], e a segunda, o princípio das concatenações semânticas [referente à metáfora], alcançando relevância, nesta perspectiva, na compreensão do funcionamento da linguagem *simbólica*, o processo metafórico geral, primeiramente, a polissemia [sentido múltiplo], e a estrutura contextual, o que sublinha que a arquitetura de significações que suporta o caráter *simbólico* do mito só encontra interpretação através de uma teoria da linguagem que mais do que como sistema de signos seja considerada como discurso.[167]

---

[167]. Segundo a perspectiva elaborada através de obras como *Da Interpretação* [1965] e *O Conflito das Interpretações* [1969], cujas investigações, no tocante à linguagem enquanto discurso, envolvem os diversos usos que lhe são impostos, tornando-se relevante, neste contexto, a *Teoria da Interpretação*, que traz, de modo integral, a filosofia

Nessa perspectiva, circunscrevendo o mito ao âmbito que dialoga com a hipótese que o identifica como um discurso, um relato, uma narrativa que não envolve senão as origens, que, pressupondo que a sua emergência guarda relação com um acontecimento fundador que escapa à história, implica uma função de instauração, que independe das figuras ou representações [*dramatis personae*] que participam do arcabouço conteudístico, à medida que a sua presença atende pelo ato, que se sobrepõe, em suma, ao que são propriamente, em face da variabilidade e autonomia que as caracterizam, carregando também a capacidade de instituir, através do rito, que presentifica os valores, paradigmas de ação, convergindo, enfim, para a possibilidade de suscitar correspondências psicológicas abrangendo o tempo histórico e o tempo primordial, que remetem, pois, ao umbral que acena com o núcleo mítico-poético da consciência, a saber, o sagrado.[168]

---

da linguagem de Ricoeur, conforme expõe Klein no prefácio deste último título. [In: Ricoeur, 1976, p. 9]

[168]. Fundamento da experiência religiosa da humanidade, a consciência do *mysterium tremendum et fascinans* guarda precedência em relação à toda e qualquer fixação conceitual, convergindo para as fronteiras que

Empírico, racional e teórico[169]. Eis os três horizontes que, inter-relacionados, se impõem à unidade do mesmo sujeito, distinguindo-se entre si, à medida que a leitura de consciencialidade guarda correspondência com a sua presença em relação à totalidade da sua experiência como ser racional no mundo, emergindo a estrutura consciencial mítica como fenômeno constitutivo que representa a forma de existir para si na dimensão empírica [que envolve o *aqui* e *agora* da experiencialidade sensível e emocional], a primeira no tocante ao conhecimento que se tem de si e do mundo, implicando uma separação do ser no que concerne a este, cuja ruptura original [que acena com o horizonte imediato], consiste no equivalente filosófico que se refere

---

encerram algo que emerge como misterioso, terrível e fascinante, inspirando temor e veneração, segundo Rudolf Otto [1869-1937], que a designa como *numinoso* em sua obra O *sagrado* [2007].

[169]. Se o *nível empírico* implica o plano "em que o ato fundamental é a preparação, e a forma da consciência é a experiência sensível, a presença do sujeito ao *aqui e agora*", o *nível racional* envolve o plano "em que o ato fundamental é o discurso da razão, e a forma da consciência é a compreensão racional, a presença do sujeito ao *universal*", o *nível teórico* abrange o plano "em que o ato fundamental é a intuição intelectual, e a forma da consciência é a visão unificante de todas as perspectivas parciais, a presença do sujeito ao *todo* da experiência e da razão." [Lima Vaz, 2001, p. 251, grifos do autor]

ao *pecado original*, de acordo com a leitura teológica, convergindo para as fronteiras que justificam a finalidade instauradora do mito, o relato do qual, expressão do sentimento de separação e desejo de restauração, deixa transparecer, quanto à consciência que o produz, a possibilidade acerca da apreensão do tempo como um "*agora permanente*"[170], remetendo, pois, ao tempo sagrado das origens.

> Isso implica igualmente que ele deixa de viver no tempo cronológico, passando a viver no Tempo primordial, no Tempo em que o evento *teve lugar pela primeira vez*. É por isso que se pode falar no "tempo forte" do mito: é o tempo prodigioso, "sagrado", em que algo de *novo*, de *forte* e de *significativo* se manifestou plenamente.[171]

Se para a consciência mítica, que apreende o tempo como *eterno retorno*[172], o espaço circundante, também, de

---

[170]. Perine, 2007, p. 80, grifos meus.

[171]. Eliade, 1972, p. 22, grifos do autor.

[172]. "Esse eterno retorno revela uma ontologia não contaminada pelo tempo e pela transformação. Do mesmo modo como faziam os gregos, em sua mitologia do eterno retorno, procurando satisfazer sua sede metafísica pelo 'ôntico' e o estático (porque, a partir do ponto de vista do infinito, a transformação das coisas que revertem perpetuamente ao

alguma forma, sagrado, é o reflexo do espaço cósmico, à celebração de ambos no ritual da experiencialidade existencial se impõe uma função que consiste em intensificar a vivência do sagrado, acenando para um horizonte que, inter-relacionando a *atitude vivida* e a *narração*, reclama, em nome da essência mítica, perpetuação e fidelidade, à medida que emerge como "uma palavra que encarna um sentido vivido"[173], uma invocação da vida, que em sua dupla dimensão que abrange *narrativa* e *experiência vivida* funda, enfim, o ser humano e o mundo na intemporalidade, conferindo-lhes um *significado global*.

> O mito, antes de tudo, cria uma *base* de *compreensão*, em forma de *esquemas mentais* e de modelos *gestálticos*, para que o ser mesmo estado é, como resultado, anulada de modo implícito, jamais sendo possível afirmar que 'o mundo está parado'), também faziam os primitivos, conferindo ao tempo uma direção cíclica, anulando assim sua irreversibilidade. Tudo começa de novo, no princípio, a cada instante. O passado nada mais é do que uma prefiguração do futuro. Nenhum acontecimento é irreversível, e nenhuma transformação é final. Num certo sentido, é até possível dizer que nada de novo acontece no mundo, pois tudo não passa de uma repetição dos mesmos arquétipos primordiais; esta repetição, ao atualizar o momento mítico em que o gesto arquetípico foi revelado, mantém constantemente o mundo no mesmo instante inaugural do princípio." [Eliade, 1992, p. 87]

[173]. Perine, 2007, p. 81.

humano organize, *dirija* e ilumine a experiência bruta de si mesmo, do cosmo e dos acontecimentos eventuais (destino, providência, progresso, projeção escatológica, etc.) nos quais o ser humano se vê envolvido e comprometido. Assim se vão formando, graças ao mito, umas *constelações representativas* e uns *pontos de orientação* estético-éticos capazes de sustentar a *ausência de fundamento* radical do ser humano e sua *desorientação original* em meio a uma realidade polivalente.[174]

Correspondendo à primeira experiência do ser humano no mundo, a consciência mítica, pois, não é uma consciência arcaica ou primitiva que se inclina à exclusão em face da instauração da razão raciocinante, tendo em vista que se sobrepõe à leitura que acena com uma ruptura radical envolvendo ambos os horizontes, a saber, a racionalidade e o mito, tornando-se imprescindível, tanto para os indivíduos como para as sociedades, à medida que carrega a memória social ou a "memória-tradição", comparada, em termos de funcionalidade, no tocante às sociedades animais, ao seu condicionamento genético, sendo biologicamente indispensável à espécie humana, pois a mesma correspondência valorativa que guarda a relação que envolve os sonhos e a saúde física e mental abrange os

---

[174]. Cencillo, 1970, p. 439, grifos do autor.

mitos e a atividade intelectual, tanto quanto a organização das relações interindividuais[175], a cujas fronteiras remete, conforme permanece subentendido na história do filme *O Labirinto do Fauno*[176], no qual o mítico emerge como uma "forma indestrutível, porque necessária, de apreensão do real, este modo de conhecimento que dá a nossa vida, na expressão de Roger Bastide [1898-1974], seu 'sentido

---

[175]. Perine, 2007, p. 86.

[176]. Eis a perspectiva que a leitura de *O Labirinto do Fauno* desnuda à medida que relata a história de Ofélia, uma menina que, tornando-se órfã de pai [alfaiate], em um contexto histórico caracterizado pela desintegração sócio-política [Guerra Civil Espanhola], participa de uma viagem que tem como destino um acampamento militar, onde a sua mãe [Carmen] é aguardada pelo seu novo marido, um sanguinário capitão franquista, que cumpre a missão de combater rebeldes anarquistas e republicanos que vivem escondidos na floresta. Se antes Ofélia estabelecia uma relação com o universo mítico através da literatura, o contato com a natureza, que a viagem em referência possibilita, converge para integrá-la a uma dimensão de existência da qual emergem seres como aquele que encontra no percurso empreendido em direção ao acampamento, que, embora inicialmente parecesse representar um dos exóticos insetos do ambiente da região [lembrando um inseto herbívoro da ordem *Phasmatodea*, semelhante a um pedaço de madeira ou graveto], acaba encaminhando-a para um labirinto, habitat de um fauno que, conhecendo-a, revela o segredo da identidade da menina, a saber, a princesa desaparecida do reino subterrâneo que traz o labirinto apenas como portal. [O Labirinto do Fauno, 2006]

existencial'."[177]

---

[177]. Cexus In: Luccioni et al., 1977, p. 162.

CAPÍTULO 4
DO *HOMO POETICUS*

Se a possessão da faculdade da fala e a função de fazer mitos se inter-relacionam desde os primeiros estágios da cultura humana, emergindo como "dois brotos diferentes de uma única e mesma raiz", caracterizando a linguagem e o mito como "irmãos gêmeos" Cassirer mantém a experiência que os fundamenta sob o horizonte uma natureza antes social que física à medida que se baseia no estudo de fenômenos como os gritos de desconforto, dor e fome, medo e susto, os quais, atrelados ao mundo orgânico, transformam-se, sob a perspectiva humana, através de um emprego consciente e deliberado, deixando de configurar reações instintivas simples, processo experiencial elementar que a mentalidade primitiva transfere para a totalidade da natureza, tendo em vista que segundo a sua concepção esta e a sociedade permanecem interligadas, formando um todo coerente e indistinguível, contexto que justifica o uso e a função específica da palavra mágica, cuja crença não guarda correspondência senão com a convicção quanto a solidariedade da vida, que confere à palavra um poder social que detém não somente uma força natural, mas até sobrenatural.

Se escapa ao horizonte que o identifica como uma coisa morta ou muda, o que se impõe não é senão a possibilidade do mundo ouvir e entender, pois basta a convocação dos poderes da natureza de maneira correta, tendo em vista a concepção que mostra que "nada resiste à palavra mágica" ["*carmina vel coelo possunt deducere lunam*"], cuja esperança, uma vez eclipsada, redunda na construção de uma relação entre a linguagem e a realidade sob uma nova perspectiva, corporificando a palavra uma função semântica, assumindo o aspecto lógico um caráter fundamental à medida que "o Lógos torna-se o princípio do universo e o primeiro princípio do conhecimento humano".[178]

Nessa perspectiva, detendo-se no mundo fenomenal [mundo do "devir"], Heráclito procura o princípio da mudança que, escapando ao arcabouço material, não

---

[178]. Cassirer, 2005, p. 184.

emerge senão do âmbito humano, convergindo para possibilitar uma interpretação correta da ordem cósmica, incorporando a faculdade da fala a condição de eixo referencial, cujo significado encerra o significado do universo, abordagem esta que trazendo não os fenômenos físicos mas a linguagem como fundamento permite um diálogo envolvendo o umbral da filosofia, se a perspectiva em questão não se esgota nas fronteiras da antropologia, acenando, em suma, para o horizonte da verdade cósmica universal, perfazendo a transição do pensamento grego primitivo de uma filosofia da natureza para uma filosofia da linguagem.

Se o "significado do significado" se impõe como uma questão fundamental no âmbito da filosofia da linguagem, emerge do pensamento grego primitivo um princípio que, trazendo como pressuposto a identidade entre o sujeito cognoscente e a realidade cognoscível como base da explicabilidade do fato do conhecimento, dialoga com todas as diferentes escolas existentes [dos fisiologistas aos dialéticos], convergindo, nessa perspectiva, para concordar com a sua verdade o idealismo e o realismo, segundo a leitura de Cassirer que, inclinando-se sobre o problema proposto, assinala que o sentido para o qual acena reclama uma análise que envolva o próprio ser [ou substância], na acepção de categoria mais universal que estabelece a correspondência que abrange a verdade e a realidade.

Se "uma palavra não poderia 'significar' uma coisa se não houvesse pelo menos uma identidade parcial entre as duas"[179], emerge, nessa perspectiva, como uma correspondência natural a relação que envolve o símbolo e o objeto, visto que a ausência de tal pressuposto compromete o cumprimento da tarefa corporificada através da palavra da linguagem humana, que se torna ininteligível, pois, convergindo para as fronteiras de uma doutrina onomatopaica[180], única capaz de construir um liame entre

---

[179]. Cassirer, 2005, pp. 186-187.

[180]. Defendendo a noção de que as raízes linguísticas não perfazem senão imitações dos sons naturais, a teoria da onomatopéia, denominada teoria do *bau-bau* por Max Müller [*Lectures on the Science of Language*, 1861], objeto da crítica de Platão [*Crátilo*], foi sustentada por Herder [*Treatise on the Origin of Language*, 1772]: "A principal objeção a essa doutrina foi levantada pelos glossologistas: não é verdade que a origem de todas as raízes lingüísticas seja onomatopaica. Nem na formação dos nomes dos animais, em que se poderia presumir maior

os nomes e as coisas, a despeito da refutação que expõe o diálogo platônico *Kratylus*[181], impondo-se a consideração, diante da óbvia objeção que indica o caráter contraproducente dessa tese, de que, sujeita à mudança e à deterioração, o estado presente não possibilita a aplicação

---

eficácia do princípio onomatopaico, ele tem realmente função dominante. Contra ele encontramos ainda a objeção filosófica, oposta por Platão, de que uma coisa é a imitação de um som e outra coisa é a imposição de um nome. Contudo, o princípio da onomatopéia foi muitas vezes utilizado pelos glossologistas para explicar a formação das palavras originais nesta ou naquela língua e sua distribuição em grupos distintos. O próprio Cassirer admite como primeira fase da expressão lingüística uma etapa *mimética*, na qual 'os sons parecem aproximar-se da impressão sensorial e reproduzir sua diversidade com a maior fidelidade possível'." (*Phil. der symbolischem Formen*, 1923, 1, cap. 2, § 2)." [Abbagnano, 2007, p. 619, grifo do autor]

[181]. Ao diálogo em referência, de caráter aporético, o que se impõe é a questão que envolve a possibilidade da linguagem contribuir para o conhecimento da realidade, convergindo a sua leitura para a investigação das perspectivas que implicam o naturalismo e o convencionalismo, a primeira assumida pelo personagem de *Crátilo* e a segunda defendida por *Hermógenes*, conforme esclarece Marcondes: "O naturalismo caracteriza-se por defender que há uma relação natural entre o signo e a coisa significada: o signo deveria possuir uma natureza comum com a coisa que significa, contribuindo assim para o conhecimento desta.

O convencionalismo, enquanto alternativa ao naturalismo, consiste em uma tese mais fraca sobre a relação entre palavras e coisas, segundo a qual não há nada em comum entre elas: são apenas convenções estabelecidas em uma determinada sociedade." [Marcondes, 2009, p. 14]

daquele princípio, configurando-se como imprescindível a pesquisa da origem das palavras, a descoberta do étimo de cada termo, da sua forma verdadeira e original, leitura que confere à etimologia a condição de eixo referencial não somente da linguística, mas da filosofia da linguagem.[182]

À perspectiva de Heráclito, que defende a palavra, o *Lógos*, como um princípio metafísico universal que carrega veracidade geral e validade objetiva, os sofistas impõem a leitura que, contrapondo-se à metafísica, converge para o âmbito da antropologia, abordando a fala humana através de uma perspectiva que, não se detendo apenas no âmbito teórico, procura tratar dos problemas linguísticos e gramaticais de modo sistemático a fim de viabilizar as relações que o mundo social e político real demandam, tornando-se um instrumento com propósitos determinados, concretos e práticos que, nesta acepção, traz a retórica[183],

---

[182]. Cassirer, 2005.

[183]. Consistindo, em suma, na arte de persuadir através da utilização de instrumentos linguísticos, a retórica, no que concerne à origem da história do seu conceito no Ocidente, guarda correspondência com os sofistas e emerge em função da necessidade envolvendo uma formação oratória capaz de proporcionar recursos que possibilitem a intervenção

não a gramática ou a etimologia, como o seu cerne.

Mitológico, metafísico e pragmático. Aos três aspectos do valor e da função da linguagem em questão Cassirer impõe a teoria interjecional, que acena para as expressões humanas mais elementares, as quais, não guardando referência a coisas físicas, escapam ao âmbito dos sinais arbitrários, convergindo para as fronteiras da "naturalidade", leitura baseada na proposta de Demócrito [ca. 460 a.C./ca. 370 a.C.], que relaciona a origem da fala humana a sons de caráter emocional, tese que reduz o fenômeno referido "a um instinto fundamental implantado pela natureza em todas as criaturas vivas"[184], tornando o

---

do homem nos assuntos da Cidade, convergindo para um processo baseado no ideal do "bem dizer" [ou "bom dizer"] e no intenso estudo dos "lugares comuns", à medida que mantém "independência em relação à disponibilidade de provas ou de argumentos que produzam conhecimento real ou convicção racional" [Abbagnano, 2007, p. 856]. "Segundo Heinrich Gomperz, havia uma estreita relação entre retórica e sofística, até o ponto de, como o declara em seu livro *Sophistik und Rhetorik* (1921, cap. II), boa parte da chamada 'produção filosófica' dos sofistas – por exemplo, o escrito de Geórgias sobre o não-ser, mas também as opiniões de Trasímaco de Calcedônia, Antífonte de Atenas, Hípias de Élide, Pródico de Céos, Protágoras de Abdera e outros – não ter um 'conteúdo objetivo', mas uma mera 'intenção declamatória'." [Mora, 2001, pp. 2523-2524]

[184]. Cassirer, 2005, p. 190.

fundamento do fato social da linguagem uma causa biológica geral, cujo apoio científico a perspectiva evolucionista de Charles Darwin [1809-1882] oferece à medida que indica que os sons ou atos expressivos mantêm raízes no campo das necessidades biológicas, manifestando-se através de regras específicas.

As teorias biológicas acerca da origem da linguagem tornam-se, no entanto, incapazes de justificar a transição entre a linguagem emocional e a proposicional, as quais, mantendo-se no mesmo nível, guardam uma distinção lógica e estrutural, não havendo nenhuma prova psicológica quanto à possibilidade de transposição da fronteira em questão, jamais perdendo a *linguagem animal* o caráter subjetivo que carrega à medida que expressa vários estados de sentimento, não chegando a designar, contudo, nem descrever objetos, inexistindo qualquer prova histórica que assinale que nos estágios mais primitivos da cultura a linguagem humana tenha se caraterizado pela redução a um aspecto puramente emocional [ou gestual].

Se a comunicatividade se impõe à exclamatividade, segundo a perspectiva da teoria em questão, trata-se mais de uma pressuposição, não havendo um fundamento explicativo para a transição que demanda o fenômeno que, mesmo descrito como um processo de objetivação gradual, não transpõe as fronteiras da hipótese, antes tornando relevante a separação que envolve as interjeições e os nomes, convergindo para a conclusão de que a "homogeneidade essencial" não subsiste diante de uma diferença que emerge como vital abrangendo as expressões animais e a fala humana, assumindo tal aparente semelhança o caráter estrito de uma relação material que, nessa perspectiva, não exclui, mas, ao contrário, acentua a heterogeneidade formal, funcional, como esclarece Cassirer, pois

> a linguagem não é processo impessoal do aparelho fonador, nem tradução sonora de essências silenciosas, mas gesticulação vociferante, dimensão da existência corporal em que as palavras encarnam significações, e a fala exprime nosso modo de ser no mundo intersubjetivo.[185]

À relevância da origem da linguagem se impõe as premissas básicas do pensamento mítico, que converge para um horizonte explicativo que, remontando ao passado

---

[185]. Chauí, 2002, p. 69.

remoto, estabelece uma relação de derivação envolvendo o estado atual do mundo físico e humano e o estágio primevo das coisas, tendência que paradoxalmente predomina através da perspectiva filosófica, alcançando posteriormente a genética preeminência diante da questão sistemática, tendo em vista a concepção de que a sua resolução seria suficiente para eliminar todos os demais problemas, emergindo a teoria do conhecimento para estabelecer a demarcação necessária entre ambas.

Se o valor das provas históricas relativas à linguagem, que envolvem a questão da derivação das línguas da terra de um tronco comum ou de raízes diferentes e independentes, tanto quanto o desenvolvimento dos idiomas e tipos linguísticos individuais, torna-se incontestável, não se impõe, contudo, diante dos problemas fundamentais de uma filosofia da linguagem, cuja perspectiva não se detém no horizonte do simples fluxo das coisas e da cronologia dos acontecimentos, conforme esclarece Cassirer que, justificando esta leitura, recorre a definição platônica que assinala que o conhecimento filosófico é um conhecimento do "ser", e não do "devir".

Se a mudança fonética, analógica, semântica se impõe como um elemento essencial da linguagem, a sua função geral escapa à investigação dos fenômenos em questão, tornando-se os dados históricos imprescindíveis no tocante a análise de cada forma simbólica, tendo em vista que as questões que envolvem o mito, a religião, a arte e a linguagem não encontram eco no horizonte da abstração, posto que não se inclinam à uma definição lógica, demandando o estudo de cada área a abordagem de problemas estruturais gerais que guardam relação com um tipo especial de conhecimento.

À questão dos princípios da história linguística se impõe, segundo Hermann Paul [1846-1921], primeiro a delinear tal proposta, um complemento sistemático, uma ciência capaz de tratar das condições gerais sob as quais os objetos históricos evoluem, estudando os fatores que permanecem invariáveis em face de todas as mudanças dos fenômenos humanos, tornando-se no século XIX a inter-relação envolvendo os fatores histórico e psicológico o fundamento da investigação em referência, emergindo a fusão das leituras histórico-comparativa e filosófico-descritiva como princípio metodológico, que traz como expoente clássico Wilhelm von Humboldt [1767-1835], que propôs a classificação das línguas do mundo e a sua redução a certos tipos fundamentais, cujo trabalho, de caráter empírico, não se detém apenas na descrição de fatos particulares, mas através destes alcança inferências gerais abrangentes, convergindo para a conclusão de que a verdadeira diferença entre as línguas corresponde a "perspectivas de mundo" [*Weltansichten*].[186]

---

[186]. "A linguagem deve ser vista como uma *energeia*, e não como um *ergon*. Não é uma coisa pronta, mas um processo contínuo; é o esforço reiterado da mente humana no sentido de usar sons para expressar pensamentos." [Cassirer, 2005, p. 200]

I PARTE
A FALA, A LINGUAGEM
E AS FORMAS SIMBÓLICAS

> Som e sinal, a linguagem é mistério porque presentifica significações, transgride a materialidade sonora e gráfica, invade a imaterialidade e, corpo glorioso, e impalpável, acasala-se com o invisível.
> Não é instrumento para traduzir significações silenciosas. É habitada por elas. Não é meio para chegar a alguma coisa, mas modo de ser. Mais do que isso. É um ser nela mesma. O sentido não é algo que preexistiria à palavra, mas movimento total de uma fala e por isso nosso pensamento vagabundeia pela linguagem.[187]

Se a língua se detém nas fronteiras da universalidade, a fala, como processo temporal, se impõe como individual, convergindo a análise científica da linguagem para a investigação de um fato social que obedece regras gerais, abrangendo a linguística "sincrônica" as relações estruturais constantes e a linguística "diacrônica" os fenômenos passíveis de variação e evolução, emergindo a sua unidade estrutural fundamental através de dois aspectos, a saber, material e formal, que envolvem tanto o sistema gramatical

---

[187]. Chauí, 2002, p. 186.

como o sistema sonoro, de cuja inter-relação de fatores depende o caráter do fenômeno em questão.

Se a classificação das formas da fala e a possibilidade de sua redução a um esquema de regras definidas se impõe à uma gramática científica, os métodos utilizados neste empreendimento alcançam um alto grau de perfeição, tornando-se a gramática do sânscrito de Panini [520 a.C./460 a.C.] um referencial para os linguistas modernos, às questões sintáticas e estilísticas que emergem da investigação das partes da fala desenvolvida pelos gramáticos gregos se sobrepõe o aspecto material do problema, cujo estudo assinala uma relação formal regular, no tocante à sonoridade, envolvendo as palavras das línguas germânicas e as palavras de outras línguas indo-europeias, perfazendo a gramática do alemão de Jakob Grimm [1787-1863], que corporifica as correspondências consonantais em questão, a base da linguística e da gramática comparativa modernas, a interpretação de cujas observações, no entanto, se circunscreve aos limites de um sentido meramente histórico, tendo em vista que a inspiração da pesquisa em referência não transpõe as fronteiras da visão romântica, que impulsiona também Friedrich Schlegel [1772-1829] no tocante à descoberta da língua e da sabedoria da Índia.[188]

Contrapondo-se à tendência em questão, característica do início do século XIX, a segunda metade do século XIX assinala a predominância de uma interpretação materialista que, através dos "Neogramáticos"[189], pretende estabelecer leis compatíveis logicamente com aquelas que governam a natureza, acenando os fenômenos da mudança fonética para configurar tal possibilidade, convergindo o estruturalismo moderno[190] para uma abordagem inovadora,

---

[188]. Cassirer, 2005.

[189]. Adaptado do alemão *Junggrammatiker*, "jovem gramático", o termo em questão, identificando a escola fundada na Alemanha no séc. XIX, representa uma designação depreciativa posteriormente incorporada pelo grupo formado por jovens linguistas que traz Hermann Osthoff e Karl Brügmann, além de Hermann Paul, entre os seus principais integrantes, e é baseado em uma perspectiva positivista cuja orientação enfatizava o caráter fundamental da fonética no que tange ao estudo histórico das línguas e ao desenvolvimento do método comparativo.

[190]. Designação de determinadas correntes da Lingüística moderna que, contrapondo-se ao psicologismo lógico da Escola dos Neogramáticos, se desenvolveram sob a influência da perspectiva do linguista suíço Ferdinand de Saussure [1857-1913], autor de *Cours de Linguistique Générale* [1916], cuja obra funda a lingüística moderna, à medida que

à medida que enfatiza a necessidade que se impõe aos eventos da fala humana, redefinindo o conceito, porém, que não se esgotando como causal, alcança um significado teleológico, tornando-se, nessa perspectiva, mais do que uma reunião de sons e palavras, um sistema cuja ordem escapa às relações que envolvem causalidade física ou histórica, detendo, por conseguinte, cada idioma, uma estrutura própria, tanto no aspecto formal como no âmbito material, como demonstra a investigação dos fonemas de diferentes línguas que, em virtude de carregarem tipos divergentes, não se adaptam a um esquema uniforme e rígido, embora, na esfera de uma língua específica, haja entre aqueles uma conexão caracterizada como relativa e hipotética, que traz como fundamento os dados empíricos, não as regras lógicas gerais.[191]

---

considera o fenômeno da língua como sistema autônomo, instituindo, dessa forma, uma lingüística pura, "ciência que tem como objecto a língua, tomada em e por si mesma" [Baraquin; Laffitte, 200, p. 350], dentre as quais se destaca o *Cercle Linguistique de Prague*, que traz como principais representantes *Jan Mukařovský* [1891-1975], *Nikolay Trubetzkoy* [1890-1938], *Roman Jakobson*, *Sergei Karcevski* [1884-1955] e *Vilem Mathesius* [1882-1946].

[191]. Cassirer, 2005.

A distinção que envolve forma e matéria não se impõe senão como artificial e inadequada, pois a fala, escapando à um fundamento circunscrito à esfera material, emerge como uma unidade indissolúvel, princípio que estabelece a diferença entre os tipos anteriores de fonética e a nova fonologia, que se detém na investigação dos significantes, não no âmbito dos sons físicos, dialogando a linguística, não com a natureza destes, mas com a sua função semântica, contrapondo-se ao dualismo proposto pelo positivismo do século XIX, à medida que transforma o fonema em uma unidade de significado, tornando a fonética parte da semântica, eliminando, dessa maneira, a separação existente entre ambas, alcançando relevância o fato de que se qualquer expressão vocal carrega elementos que acenam, como sons distintivos, para exprimir a diversidade de sentido, toda língua detém um sistema fonético, cujo padrão a caracteriza, tendo em vista a sua tendência de mantê-lo intacto.[192]

---

[192]. "O fato altamente significativo em tais interinfluências de sons é a forte tendência de cada uma das línguas a manter intacto seu padrão fonético." [Sapir, 1971, p. 200]

A tese de que cada língua guarda uma forma individual não implica a inexistência de aspectos comuns na fala humana, tornando-se antes necessário, através da perspectiva empírica, a busca de um enunciado capaz de caracterizá-los, acenando o termo "*lógos*", desde o âmbito da filosofia grega, para a ideia que envolve uma identidade fundamental entre o ato da fala e o ato do pensamento, emergindo a gramática e a lógica como dois horizontes distintos que se inter-relacionam convergindo para as fronteiras do conhecimento em questão, dialogando a lógica moderna, nesta perspectiva, com a leitura aristotélica clássica, conforme assinala John Stuart Mill [1806-1873] que, concebendo a "lógica indutiva", defende que a correspondência envolvendo a linguagem e as formas universais do pensamento depende da instrumentalidade da gramática, o valor de cujos princípios, no âmbito da lógica, sublinha, estruturalizando, a partir do referido pressuposto, um sistema de partes da fala de caráter geral e objetivo.

Se a perspectiva em questão não se impõe à realidade, o conceito que envolve uma gramática geral estruturalizada através de princípios racionais ainda guarda relevância, tornando-se necessária uma releitura prenhe de um sentido novo, pois se escapa ao horizonte que acena verdadeiramente para um ideal científico, a concepção filosófica, tal como Otto Jesperson [1860-1943] propôs, emerge como uma possibilidade, à medida que distingue as categorias "nocionais", caracterizadas como universais, e as categorias sintáticas, tanto quanto a relação que há entre ambas, pensamento para o qual converge o trabalho de estudiosos como Louis Hjelmstev [1899-1965] e Viggo Bröndal, além de Edward Sapir [1884-1939], o que demonstra que o progresso das pesquisas científicas não oblitera o projeto em referência, ainda que a sua realização reclame outros meios, que se sobreponham àqueles até então utilizados, tendo em vista que "[a] fala humana deve cumprir não apenas uma tarefa lógica universal, mas também uma tarefa social que depende das condições sociais específicas da comunidade falante".[193]

---

[193]. Cassirer, 2005, p. 211.

> Quando alguém fala, põe em movimento todo o sistema de diferenças que constituem a língua e das quais depende o sentido proferido; alude a significações passadas e vindouras numa constelação significativa essencial para o sentido presente; relaciona-se com outrem, de cuja escuta e resposta dependem seu próprio investimento como sujeito falante; corporifica seu pensamento à medida que o vai dizendo.[194]

Ao labirinto da fala humana se impõe, ou uma ordem lógica e sistemática, ou uma ordem cronológica e genética, cujo caso envolve a tentativa de remontar os idiomas e tipos linguísticos a um estágio caracterizado pela inexistência de formas sintáticas ou morfológicas, conforme a perspectiva em vigor no século XIX, que concebe que a origem da linguagem guarda relação com elementos simples, raízes monossilábicas, leitura para a qual converge o romantismo representado por August Wilhelm Schlegel [1767-1845], por exemplo, idealizador de uma teoria que acena para um estágio amorfo para a língua que desse estado alcança outras fases em seu processo de evolução, a saber, isolante, aglutinante e flexional, tornando-se uma análise descritiva suficiente, no entanto, para se contrapor ao pensamento em questão, tendo em vista a

---

[194]. Chauí, 2002, p. 17.

impossibilidade de demonstração quanto a existência de uma linguagem destituída de elementos formais ou estruturais, não escapando a tal pressuposto nem mesmo aquela que emerge do seio das nações menos civilizadas.

> Todas as formas da fala humana são perfeitas, no sentido de que conseguem expressar os sentimentos e pensamentos humanos de forma clara e apropriada. As línguas ditas primitivas são tão congruentes com as condições da civilização primitiva e com a tendência geral da mente primitiva quanto as nossas próprias línguas o são com os fins de nossa cultura requintada e sofisticada.[195]

À leitura que envolve a diversidade dos idiomas e a heterogeneidade dos tipos linguísticos se impõe a perspectiva para a qual acena, pois se a linguística se detém nas fronteiras da fala humana, inclinando-se sobre a multiplicidade que a caracteriza sem qualquer pretensão de alcançar a sua profundidade, a filosofia tende a dialogar com um horizonte diverso, como G. W. Leibniz [1646-1716] o demonstra à medida que propõe a procura de uma *Characteristica generalis* que possibilite uma *Scientia generalis*, propensão da lógica simbólica moderna, tarefa que, embora

---

[195]. Cassirer, 2005, p. 212.

acenando para a possibilidade de realização, não elimina a problematicidade que a uma filosofia da cultura humana cabe resolver, à medida que uma análise demanda a aceitação dos fatos através de toda a sua concreticidade, variedade e contradição, não escapando a filosofia da linguagem ao dilema que abrange a investigação das formas *simbólicas* que, convergindo para estabelecer a unidade, concorrem simultaneamente para a deflagração da divisão, tornando-se tal fato a antinomia da vida religiosa, a sua dialética, enfim, que não deixa de se impor à fala humana, fundamento da comunidade dos homens, como também, em função da divergência atrelada ao seu processo, o seu maior impedimento.

Se a diversidade em questão se impõe como um fato necessário e inevitável, aspecto característico da constituição original humana ou da natureza das coisas, contrapondo-se a tal leitura o mito e a religião convergem para a perspectiva que assinala um estado primevo que não encerra senão uma língua uniforme dotada de uma capacidade de expressão que alcança, pois, a própria natureza e essência, chegando esta discussão, da qual não escapa nem mesmo o domínio da filosofia, aos místicos e pensadores do século XVII, conforme afirma Cassirer, que defende, em suma, que a "verdadeira unidade da linguagem", caso existente, sobrepondo-se à noção que implica uma "unidade substancial" e pressupõe uma "identidade formal ou material", não consiste senão em uma "unidade funcional".[196]

> A palavra nasce numa dupla reflexão: por um lado, enlaça os movimentos da garganta, da boca e do ouvido desvendando um corpo que é sonoro como os cristais e os metais, mas que "ouve de dentro sua própria vibração", pois é sonoro para si; por outro, esse ser sonoro e ouvinte também é sonoro para outros e ouvido por outros à medida que se ouve e os ouve, e a linguagem é o poder assustador de criar um locutor que é, simultaneamente, alocutório e delocutório.[197]

Escapando à perspectiva que a deixa subentendida como cópia ou imitação da ordem das coisas, a fala, transpondo o âmbito da simples reprodução, se impõe como um valor produtivo e construtivo, tornando-se mais importante do que o "trabalho" da língua a sua "energia",

---

[196]. Cassirer, 2005, p. 214.

[197]. Chauí, 2002, p. 17.

implicada no processo linguístico, cuja análise alcança mais relevância do que aquela circunscrita aos seus resultados finais, convergindo o grau de dificuldade que envolve uma compreensão da natureza da fala humana para as fronteiras que assinalam a precariedade do conhecimento acerca do desenvolvimento da mente, tendo em vista a inter-relação que os caracteriza, que acena, em suma, para a questão que corresponde à diferença fundamental, no tocante ao estado mental, entre dois seres humanos, a saber, um que ainda não detém o poder da fala [ou um animal] e outro, que a domina, emergindo o *simbolismo* no âmbito do entendimento como fundamento de uma verdadeira revolução da vida intelectual e pessoal, à medida que engendra a transição da dimensão da subjetividade para a esfera da objetividade, convertendo uma atitude emocional em uma atitude teórica, conforme o demonstra a experiência do progresso infantil, que guarda relação com um fenômeno que se manifesta em uma determinada idade, possibilitando o contato com o mundo objetivo, a saber, a "fome de nomes", que culmina na formação de conceitos dos objetos empíricos.[198]

> Os primeiros nomes de que a criança faz uso podem ser comparados à bengala com que o cego tateia seu caminho. E a linguagem, como um todo, torna-se a porta para um novo mundo. Nela, todo progresso abre uma nova perspectiva, amplia e enriquece nossa experiência concreta. A avidez e o entusiasmo pela fala não têm origem em um simples desejo de aprender ou de usar nomes; marcam o desejo de descobrir e conquistar um mundo objetivo.[199]

Se o homem emerge como o único animal que

---

[198]. Estabelecendo a distinção envolvendo a tendência expressiva, a tendência social e a tendência "intencional" no desenvolvimento da linguagem, Wilhelm Stern [1871-1938] elabora uma teoria que, assinalando o caráter especificamente humano da intencionalidade, identifica a capacidade de significar algo através de palavras, cuja emergência, atrelada à determinada etapa do referido processo, implica a "descoberta" de que a cada objeto se impõe um símbolo, uma configuração sonora capaz de identificá-lo, um nome próprio, pois, perfazendo uma compreensão da relação entre o signo e o significado que, segundo a leitura de Vigotski, reduz a forma como a fala se torna significante, à medida que, circunscrita ao âmbito de uma interpretação intelectualista, não se detém na correlação que abrange "História Natural" e "História Cultural" que instaura a sua complexidade constitutiva, a despeito do valor da sua observação fundamental, que acena com dois sintomas objetivos que corporificam o progresso linguístico, cultural e intelectual em questão, a saber: a "fome de nomes" e a rápida expansão do vocabulário. [Vigotski, 2003]

[199]. Cassirer, 2005, p. 218.

guarda capacidade de criar *símbolos*, que se impõem como signos arbitrários em relação ao objeto para o qual acenam através da representação e que convergem para o horizonte da convencionalidade, à linguagem se impõe a possibilidade que envolve uma relação de aproximação com as fronteiras da realidade, caracterizando-se como fundamento do mundo cultural à medida que, engendrando o movimento de transcendência no tocante à experiência, instrumentaliza o seu processo de construção, funcionando o ato de nomear, segundo a perspectiva em questão, para estabelecer a individuação de qualquer objeto da natureza, diferenciando-o de tudo que o cerca, tornando-o existente para a consciência, fenômeno que configura uma ruptura envolvendo a inteligência circunscrita à dimensão do *aqui* e *agora* [concreta animal], desembocando no universo *simbólico*, constituindo-se o simples pronunciar de uma palavra a presentificação no âmbito consciencial da coisa a que se refere.

> As coisas em si não seriam totalmente conhecidas se não fossem reconhecidas pelo pensar humano através da palavra. É o que ocorre com a criança antes de ela chegar ao uso da palavra que diz o que é a imagem da coisa, imagem fugaz feita de

impressões sensoriais que se fazem e desfazem como pequenos cristais num caleidoscópio. A palavra, mesmo ainda mal diferenciada da imagem (primeiros anos da criança), confere a esta sua significação. Ao nomear as coisas, a palavra (*lógos*) diz o que elas são. Em outros termos, a palavra, pela sua natureza sígnica, permite relacionar a ordem do real (o das coisas) à ordem simbólica (o das representações), o que torna aquela pensável e comunicável. É esta a função dos signos.[200]

À existência física das coisas se impõe a linguagem que, dispensando-a, engendra um mundo de ideias que traz uma estrutura mais estável do que o arcabouço natural, possibilitando, à medida que instaura a temporalidade, uma reação humana que transpõe a imediatez das fronteiras do presente, a situação concreta, enfim, e alcança as dimensões que envolvem o passado e o futuro, com as quais dialoga, construindo um projeto de vida.

Cumprindo um papel constitutivo na relação que se desenvolve entre o ser humano e o mundo, a linguagem, pois, estruturalizando o contato com a realidade, sintomatiza, segundo Hans-Georg Gadamer [1900-2002], o pertencimento a um determinado *horizonte de sentido* que, em última instância, é formado por *significações*

---

[200]. Pino, p. 38, 1995.

compartilhadas, implicando o *estar no mundo* a emersão em um conjunto de referencialidades *simbólicas* que se impõe como uma *rede de interlocução* que consubstancia, enfim, a *forma de vida* [cultura] construída por uma comunidade, tendo em vista que, de acordo com o filósofo Cornelius Castoriadis [1922-1997], "tudo que se nos apresenta, no mundo social-histórico, está indissociavelmente entrelaçado com o simbólico"[201], o que caracteriza o trabalho, o consumo, a guerra, o amor, entre outros atos, não apenas como ocorrências que se esgotam em si, mas como integrantes de um sistema de eventos simbólicos no âmbito do qual os fatos guardam raízes nas fronteiras das representações.[202]

Possibilitando o acesso ao mundo, a linguagem, no

---

[201]. Castoriadis, 1982, p. 142.

[202]. "A representação é a apresentação perpétua, o fluxo incessante no e pelo qual o que quer que seja se dá. Ela não pertence ao sujeito, ela é, para começar, o sujeito. [...] A representação não é decalque do espetáculo do mundo; ela é aquilo em que e porque se ergue, a partir de um momento, um mundo. Ela não é aquilo que fornece 'imagens' empobrecidas das 'coisas', mas aquilo do qual certos segmentos aumentam de um índice de 'realidade' e se 'estabilizam'." [Castoriadis, 1982, p. 375]

entanto, não se permite se reduzir a um objeto, passível de ser submetido às distinções investigativas que requerem, em suma, a estereotipação [entre "realidade" e "representação", por exemplo], posto que, se escapa à condição de um elemento exterior, como um "meio absoluto" jamais se desnuda à total compreensão do sentido que encerra a sua funcionalidade, que se confunde, pois, com a própria existência humana, deixando a impressão, ou senão a certeza, de que o seu "estar-aí-na-língua" não basta para entendê-la, tendo em vista que, em suma, a sua experiência emerge das fronteiras que envolvem o silêncio perceptivo e a idealidade.[203]

---

[203]. "A maravilha é que, simples poder de diferenciar significações, e não de dá-las a quem não as teria, a palavra parece, no entanto, contê-las e veiculá-las. Isto quer dizer que não devemos deduzir o poder significante de cada uma do poder das outras, o que faria círculo, nem mesmo de um poder global da língua: um todo pode ter outras propriedades além de suas partes, não se pode fazer *ex-nihilo*. Cada ato lingüístico, parcial como parte de um todo e ato comum do todo da língua, não se limita a dispender seu poder, ele o recria porque nos faz verificar, na evidência do sentido dado e recebido, a capacidade que têm os sujeitos falantes de ultrapassar os sinais em direção do sentido, do qual após tudo o que chamamos língua só é o resultado visível e o registro." [Merleau-Ponty, 1974, p. 113]

Se etimologicamente *símbolo*[204] guarda relação com o horizonte que encerra "sinal, marca distintiva, insígnia" [do lat. "*symbòlum,i*"], acena para "sinal, signo de reconhecimento" [adp. do gr. "*súmbolon,ou*"], emergindo originalmente sob a acepção de "um objeto partido em dois, em que dois hospedeiros conservam cada um uma metade, transmitida a seus filhos; essas duas partes comparadas serviam para fazer reconhecer os portadores e para comprovar as relações da hospitalidade contraída anteriormente"[205], converge posteriormente para a noção que o assinala como "signo, sinal, convenção", der. do v. "*sumbálló*", "lançar, jogar conjuntamente, comparar", consistindo, em síntese, o processo de simbolização na instituição de vínculos aproximativos envolvendo objetos, coisas e ideias, perspectiva que se impõe às formas *simbólicas*,

---

[204]. "Do grego recebemos a palavra *symbolon*", conforme esclarece Pereira, que afirma "que significa a coincidência de duas partes, que de novo se reúnem, pois, segundo Heródoto (*Historiae* VI-86), o símbolo era a coincidência ou reunião harmoniosa das partes de um anel, que dois amigos, antes de se separarem, dividiram entre si, levando cada um a sua parte e com ela a possibilidade de futura coincidência ou encontro de partes, que se tornou sinal externo da amizade, que a separação não aboliu." [Pereira, 2004, p. 3]

[205]. Dicionário [2], 2014.

cuja definição carrega a concepção de "toda a energia do espírito em cuja virtude um conteúdo espiritual de significado é vinculado a um signo sensível concreto e lhe é atribuído interiormente" [206], segundo Cassirer, que, classificando-as, mostra que há uma relação entre o signo e o significado que obedece uma tripla graduação, a saber, expressividade, representação e significado.

Pressupondo uma identidade entre o signo e o significado, ambos os quais se confundem, posto que estão fundidos, não chegando os símbolos a representar a coisa, mas tomando-a como se fosse ela própria, a relação de expressividade, caracterizada pela leitura mágica, circunscreve-se ao mito, trazendo o segundo caso uma separação entre o signo e o significado, prerrogativa da linguagem, em cujo arcabouço o nome, de maneira convencional, assume o lugar da coisa, servindo para representá-la, enquanto que a relação de significado, que acena para a autonomia do signo diante do mundo sensível [em virtude de não se deixar retraduzir em termos de

---

[206]. Cassirer, 1975, p. 163.

elementos sensíveis], configurando uma independência entre ele e o significado, corresponde ao campo da ciência, segundo a investigação de Cassirer.[207]

Neste contexto, pois, a religião é identificada com a relação de representação, diferenciando-se, então, do mito que, considerando os signos e as imagens como dotados de poderes da própria coisa, funciona, quanto as demais formas *simbólicas*, como núcleo originário comum que, no entanto, não pressupõe um processo evolutivo unidirecional, porque "se existe um equilíbrio na cultura humana, só pode ser descrito como dinâmico, e não estático; resulta de uma luta entre forças opostas."[208]

Emergindo da conjuntura mítica, é na esfera da representação que a religião se movimenta, construindo a sua identidade como forma *simbólica*, distinguindo já o "signo" do significado, a "imagem" da coisa, pois não concebe aquele ou esta senão como representação, remetendo a sua utilização ao divino, à divindade, ao deus.

E se a mitologia traz o *sentido de totalidade*,

---

[207]. Cassirer, 1975.

[208]. Cassirer, 2005, pp. 362-363.

pressuposto de uma inter-relação orgânica envolvendo homem e natureza, ilustrada pela prática ritual, que propõe a vivencialização dos ciclos da natureza e da existência, autorizando a intervenção humana, a religião, assumindo, em face do caráter emocional desse processo, uma perspectiva racional, distanciando o homem da natureza através de um recorte que mantém os liames míticos, identifica na composição desta última não mais do que um elemento divino, caracterizado pela simplicidade da ordem.

II PARTE

DA FILOSOFIA [POSITIVIDADE E ABSTRAÇÃO]

Se a filosofia guarda raízes na dimensão do mito, a partir do qual desenvolve-se, o filósofo procede do mago e a Cidade traz como fundamento a antiga organização social, transpondo a ordem tribal através de um esquema que implica um pensamento que converge para as fronteiras que assinalam um grau mais elevado de positividade e abstração, conforme demonstra a reforma de Clístenes [565 a.C./492 a.C.], que substitui as quatro tribos jônias da Ática criando uma estrutura artificial que possibilita a resolução de problemas políticos, à medida que reparte a sua população em dez tribos, cada uma reunindo três *trítias*, que, por sua vez, contêm vários *demos*, ambos estabelecidos através de uma base geográfica, escapando aos tipos de agrupamentos antes existentes, como os *gene* e as *frátrias*, caracterizados por liames consanguíneos, acenando este amálgama [que abrange populações e atividades diversas] para a efetivação da unificação política, correspondendo a este artifício uma divisão artificial do tempo civil, que encerra o ano administrativo, diferente do calendário lunar, que dirige a vida religiosa, indicando a perspectiva em questão, em face da coerência e nitidez que carrega, um tipo de pensamento cujo esforço de abstração se manifesta em todos os setores da vida e da relação social, que não é definida senão por meio de referências como igualdade e identidade.

Convergindo para a incompreensível emergência de uma razão que escapa à história, as transformações mentais não se impõem apenas às estruturas políticas, pois além do direito e da arte a evolução da moeda como instituição econômica assinala um processo de mudanças que transpõe as fronteiras das relações que envolvem o nascimento do pensamento racional, conforme assinala as implicações míticas do valor nos *símbolos* pré-monetários na Grécia, tendo em vista que sob a categoria que encerra um produto, um objeto precioso [vaso, joia, trípoda, roupas], se desenvolve um fluxo de riquezas móveis, a despeito da função de troca não se caracterizar como uma classe independente, à medida que o valor ainda guarda correspondência com a leitura que pressupõe a existência de uma carga de virtudes sobrenaturais em cada artigo do arcabouço em questão, que

> veicula, fundidos em um mesmo simbolismo de riqueza, poderes sagrados, prestígios sociais, laços de dependência entre os homens; a sua circulação através de dons e trocas, empenha as pessoas e mobiliza forças religiosas, ao mesmo tempo que transmite a posse de bens.[209]

Invenção grega do século VII a.C., a moeda [cunhada] assegurada pelo Estado cumpre um papel revolucionário, possibilitando a criação de um novo tipo de riqueza e de uma nova classe de ricos que teve uma participação fundamental no processo de reorganização política da Cidade, produzindo transformações no âmbito psicológico e moral à medida que a capacidade do dinheiro de realizar um ser que se caracteriza, nesta perspectiva, pelo desejo insaciável de luxo, desestabiliza a imagem tradicional da excelência humana, tendo em vista que, emergindo como um signo social, o equivalente e a medida universal do valor, a utilização da moeda *stricto sensu* converge, no tocante a este, para a elaboração de "uma noção nova,

---

[209]. Vernant, 1973, p. 313.

positiva, quantificada e abstrata".[210]

À inovação mental em questão se impõe a leitura que evoca um termo que, designando o juro do dinheiro[211], guarda correspondência com uma raiz que acena para "gerar, engendrar"[212], estabelecendo uma relação que assimila o produto do capital ao aumento caracterizado pela reprodução natural [como no caso da multiplicação do rebanho sob o ritmo das estações], que se mantém nas fronteiras da ordem da *phýsis*, alcançando relevância a teoria aristotélica, que defende a reprodução do dinheiro pelo juro e usura como um fenômeno que se contrapõe à natureza, tendo em vista que a moeda não é senão um artifício humano capaz de estabelecer aparentemente uma

---

[210]. Vernant, 1973, p. 314.

[211]. τόκος, cujo significado envolve tanto *prole*, *descendência*, como *juros*, sob a acepção que implica a "*descendência*" do dinheiro.

[212]. Convergindo para a noção que envolve a fabricação técnica [que emerge da ordem que encerra *poieîn*, ποιεῖν], à raiz indo-europeia τεκ o que se impõe são termos que acenam com a produção que guarda oposição no que concerne à atividade cujo fim não é senão o seu próprio exercício [a saber, natural, *práttein*, πράττειν].

medida comum entre valores realmente diferentes.[213]

Se a essência de uma coisa natural ou artificial se impõe através do fim para o qual foi produzida, o seu valor de uso, pois, o seu valor mercantil, escapando à realidade, não depende senão de uma simples ilusão social, eis a perspectiva aristotélica, que diverge da leitura sofista cuja proposta tende a estabelecer uma correspondência envolvendo a coisa [na sua realidade] e o valor convencional que carrega, determinado, pois, através da forma da moeda, convergindo o relativismo de Protágoras[214] para traduzir a constatação de que o dinheiro

---

[213]. "Como dissemos antes, esta arte [arte de enriquecer] se desdobra em duas, e um de seus ramos é de natureza comercial, enquanto o outro pertence à economia doméstica; este último ramo é necessário e louvável, enquanto o ramo ligado à permuta é justamente censurado (ele não é conforme à natureza, e nele alguns homens ganham à custa de outros). Sendo assim, a usura é detestada com muita razão, pois seu ganho vem do próprio dinheiro, e não daquilo que levou à sua invenção. Efetivamente, o objetivo original do dinheiro foi facilitar a permuta, mas os juros aumentam a quantidade do próprio dinheiro (esta é a verdadeira origem da palavra: a prole se assemelha aos progenitores, e os juros são dinheiro nascido de dinheiro); logo, esta forma de ganhar dinheiro é de todas a mais contrária à natureza." [Aristóteles, 1258b, 1985]

[214]. Primeiro a reivindicar o título de sofista, *Protágoras de Abdera* [485 a.C./411 a.C.] defendia a perspectiva que tinha como fundamento a

corporifica a medida de todos os valores, tornando-se significativa a interpretação platônica da personagem do sofista, que encerra a simbolização do homem atrelado às fronteiras do não-ser, identificado simultaneamente como um traficante enredado em ocupações mercantis.

Ao termo que, no vocabulário filosófico, designa o Ser, a Substância[215], que significa o patrimônio, a riqueza, se impõe uma relação de analogia que através da perspectiva das questões filosóficas, tanto quanto ao nível do direito e das realidades econômicas, evidencia os rumos opostos da operação do pensamento, pois se no sentido econômico o vocábulo em questão emerge como a terra, patrimônio inalienável, substância visível, um tipo de bem aparente ao qual se contrapõe a categoria do bem

---

redução de toda a realidade ao *sensível*, tanto quanto a circunscrição da verdade às fronteiras da *opinião*, o que implica um *subjetivismo* e converge para um *relativismo radical* cujo sentido é corporificado pela máxima: "O homem é a medida de todas as coisas, das coisas que são, enquanto são, das coisas que não são, enquanto não são." [Platão, 152a, 2010]

[215] . Termo que designa *ser, substância, essência*, segundo Platão e Aristóteles, "*ousia* [**ουσία**], significava, no grego comum, 'o que é próprio de alguém, a substância de alguém, propriedade'." [Inwood, 2002, p. 200]

inaparente, que compreende, além de créditos e hipotecas, o dinheiro líquido, a moeda, cuja dicotomia contém planos diferentes, assinalando a desvalorização do dinheiro em relação ao bem que possui *status* de plena realidade [a terra, que traz um "preço" que carrega um valor afetivo e religioso], patamar do pensamento social que põe o Ser e o Valor na circunscrição do visível, encerrando a esfera do não-aparente, do abstrato, um elemento humano de ilusão ou desordem, enquanto que a noção da palavra em referência [o Ser, a Substância] no âmbito do pensamento filosófico guarda contraste diante do mundo visível, tendo em vista que a realidade, a permanência, a substancialidade, fazem parte da dimensão do invisível, alcançando condição de aparência, que opõe-se ao real verdadeiro, a esfera do visível.

Do esforço de abstração que se impõe através da experiência comercial e da prática monetária emerge um termo que, designando simultaneamente as coisas, a realidade em geral e os bens, na acepção de dinheiro líquido, Aristóteles define como tudo aquilo cujo valor é medido pela moeda, que converge para caracterizar o modo segundo o qual a utilização desta engendra uma noção abstrata, quantitativa e econômica da coisa como mercadoria capaz de se sobrepor ao conceito antigo, qualitativo e dinâmico da coisa como *phýsis*, tornando-se relevante a questão cronológica, que assinala o século IV a.C. como arcabouço deste indício de racionalismo mercantil, que escapa aos princípios do pensamento filosófico, como também que o vocábulo em questão [que acena para bens] corresponde ao mundo do aquém, segundo uma fórmula religiosa que não passa despercebida diante da leitura filosófica, enquanto a palavra que designa o Ser, a Substância, a qual encerra a constituição da própria realidade, de acordo com a visão filosófica, não se inclina senão a uma outra ordem, que não dialoga com a esfera da natureza nem tampouco com as fronteiras da abstração monetária, segundo Vernant, que afirma que "o mundo invisível que o pensamento religioso revela é prolongado por esta realidade estável e permanente que, ao contrário da moeda, tem mais Ser do que a *phýsis*".[216]

---

[216]. Vernant, 1973, p. 316.

À extrema simplicidade da conclusão de que à noção de Ser imperecível e invisível que emerge do âmbito da religião a filosofia aplica uma forma de atividade reflexiva caracterizada pela racionalidade e positividade desenvolvida através da prática da moeda se impõe a leitura que assinala que a perspectiva parmenídica do Ser não guarda nenhuma relação de transposição envolvendo a abstração do signo monetário no âmbito do real, à medida que carrega uma unicidade que converge para a oposição, seja no tocante à moeda, seja quanto à realidade sensível.

Se a linguagem dos jônios assinala uma expressão plural caracterizando o real como as coisas que existem, sublinhando a sua multiplicidade concreta, não é senão em função do interesse atrelado à atividade dos físicos, que envolve a investigação do fundamento das realidades naturais, revestindo-se o Ser da visibilidade que abrange uma pluralidade de coisas, independentemente da sua origem, enquanto que a perspectiva parmenídica mostra o Ser em geral, total e único, traduzindo a emergência de uma nova noção que, transpondo as fronteiras da designação que acena para as coisas diversas que se inclinam à experiência humana, alcança o objeto inteligível da razão, expressando-se através da linguagem regulada pelas leis de não-contradição.

> Esta abstração de um Ser puramente inteligível, excluindo a pluralidade, a divisão, a mudança, constitui-se em oposição do real sensível e ao seu perpétuo devir; mas não contrasta menos com uma realidade do tipo da moeda, que não só comporta a multiplicidade, do mesmo modo que as coisas da natureza, mas que implica mesmo, em princípio, uma possibilidade indefinida de multiplicação. O Ser de Parmênides não pode mais "monetizar-se" nem tampouco é suscetível de devir.[217]

Se a conclusão que se impõe não é senão que o conceito filosófico do Ser escapa, no tocante ao processo de engendramento, à prática monetária ou à atividade mercantil, não deixa de emergir a consideração de que carrega uma aspiração para a unidade para cujas fronteiras convergem à medida que um princípio de estabilidade e permanência caracteriza o movimento do pensamento social e político, além do religioso [orfismo], nos primórdios da Cidade, acenando, porém, a expressão de tal desejo para um conjunto de questões propriamente

---

[217]. Vernant, 1973, p. 317.

filosóficas, cujo aparecimento guarda correspondência com a transformação da pergunta que procura descobrir como surge a ordem do caos em um tipo diferente de aporias, a saber, acerca daquilo que existe de imutável na natureza, sobre o princípio da realidade, e de que modo há possibilidade de que o homem o alcance e o exprima, que escapam, pois, ao legado da estruturalidade das concepções míticas transmitido pelo arcabouço religioso para os físicos da Jônia, tendo em vista a incapacidade de noções como gênese, amor, ódio, união e luta dos opostos, de dialogar com a definição do que constitui o fundamento do Ser, tornando-se a doutrina parmenídica a ruptura que afirma a contradição entre o devir do mundo sensível [mundo jônio da *phýsis* e da *génesis*] e as necessidades lógicas do pensamento.

Cumprindo, sob a perspectiva em questão, um papel fundamental, a reflexão matemática, através do seu método de demonstração e do caráter ideal dos seus objetos, serve-se do valor como modelo, descobrindo o problema que envolve as relações do uno e do múltiplo, do idêntico e do diverso, à medida que procura empregar o número à extensão, convergindo para acusar a irracionalidade que abrange o movimento e a pluralidade, explicitando as dificuldades teóricas do juízo e da atribuição, proporcionando condições, enfim, para que o pensamento filosófico transpusesse as fronteiras das formas espontâneas da linguagem, tendo em vista a noção quanto à existência de uma razão imanente ao discurso que, transcendendo o uso vulgar das palavras, consiste em uma absoluta exigência de não-contradição, princípio que determina o rompimento com a antiga lógica do mito, abandonando, simultaneamente, o pensamento em uma condição de separação em relação à realidade física, impossibilitando a Razão de ter outro objeto que não seja o Ser, imutável e idêntico. Conclusão:

> Depois de Parmênides, a tarefa da filosofia grega consistirá em restabelecer, por uma definição mais rigorosa e mais sutil do princípio de contradição, o elo entre o universo racional do discurso e o mundo sensível da natureza.[218]

A eliminação do sobrenatural e do maravilhoso no processo de explicação dos fenômenos e a ruptura com a

---

[218]. Vernant, 1973, p. 318.

lógica da ambivalência, que demanda, pois, no tocante ao discurso, uma inter-relação de fatores, a saber, coerência interna, definição rigorosa dos conceitos, delimitação dos planos do real, observância do princípio de identidade – eis as características do novo pensamento grego, cuja forma de racionalidade, escapando à leitura que impõe a acepção de um "milagre", emerge como um fato histórico que guarda raízes na dimensão do passado, trazendo em sua formação uma relação que, tendo esta última como fundamento, simultaneamente em contraposição a ela se desenvolve, configurando uma mutação mental que guarda solidariedade quanto às transformações experimentadas pelas sociedades gregas entre os séculos VII e VI, traduzindo, em suma, à medida que não se esgota como mero reflexo, aspirações gerais, propondo problemas que se circunscrevem ao seu exclusivo âmbito, a saber, natureza do Ser, relações do Ser e do pensamento, a resolução dos quais, reclamando a construção dos seus próprios conceitos, torna-se um empreendimento que não se serve do real sensível como base, posto que a concepção de experimentação permanece despercebida, como esclarece

Vernant, que assinala que a razão em questão ainda não alcança o patamar que se impõe à ciência contemporânea e que carrega uma tendência que dialoga com o horizonte que encerra dos fatos à sua sistematização teórica, a despeito da elaboração de uma matemática que acena para a primeira formalização da experiência sensível que, no entanto, confinada ao âmbito da lógica, não chega a instrumentalizar, em função da ausência de conexão entre o seu arcabouço e a física, o cálculo e a experiência, a exploração do real físico.

"Não se descobre a razão na natureza: ela está imanente na linguagem"[219]. Eis a conclusão para a qual converge a investigação de Vernant, que assinala que, guardando a possibilidade de engendrar uma ação de caráter positivo, que emerge através de um processo que envolve da reflexão ao método, a razão grega não se detém nas fronteiras da transformação da natureza, mas tem como objeto os homens, à medida que a sua constituição escapa ao horizonte das técnicas cuja operação acenam para as

---

[219]. Vernant, 1973, p. 319.

coisas, circunscrevendo-se a sua formação, que deita as suas raízes na Cidade, ao âmbito daquelas que se impõem às relações sociais, intersubjetivas, pois, que trazem a linguagem como fundamento, tal como a arte que abrange as atividades do advogado, do professor, do orador, do político.

III PARTE

MYTHOS E TÁ METÀ PHYSIKÁ
[O *SIMBÓLICO* E A "CLAREIRA"]

O pensamento, dócil à voz do ser, procura encontrar-lhe a palavra através da qual a verdade do ser chegue à linguagem. Apenas quando a linguagem do homem historial emana da palavra, está ela inserida no destino que lhe foi traçado. Atingido, porém, este equilíbrio em seu destino, então lhe acena a garantia da voz silenciosa de ocultas fontes. O pensamento do ser protege a palavra e cumpre nesta solicitude seu destino. Este é o cuidado pelo uso da linguagem. O dizer do pensamento vem do silêncio longamente guardado e da cuidadosa clarificação do âmbito nele aberto. De igual origem é o nomear do poeta. Mas, pelo fato de o igual somente ser igual enquanto é distinto, e o poetar e o pensar terem a mais pura igualdade no cuidado da palavra, estão ambos, ao mesmo tempo, maximamente separados em sua essência. O pensador diz o ser. O poeta nomeia o sagrado.[220]

Se *mito* significa *narrativa*, escapa, no entanto, ao sentido que um determinado estágio da perspectiva civilizacional impôs, opondo-o "estruturalmente" ao discurso verdadeiro, não ignorando o pensamento grego a distinção que nos seus mistérios indica *a coisa falada, a coisa mostrada* e a *coisa desempenhada,* que entravam

---

[220]. Heidegger, 1996, p. 72, grifo do autor.

sucessivamente no rito, da contemplação tranquila e sem palavras à recitação, situando-se toda audição fantástica [como a da infância] nestas zonas da alma onde a troca entre a imagem e a palavra se faz por jogo, "as imagens visionadas flutuando à deriva sobre o fluxo verbal, ou ao contrário, as ilhotas enrijecidas das palavras concretizadas sobre a corrente portadora".[221]

Se a palavra se impõe como *medium* do mito, este não se restringe a ela, tendo igualmente, nessa perspectiva, o afresco, a liturgia, o calendário, o protocolo e todas as espécies de monumentos, além de outros códigos que, em efeitos variados de combinações, rivalizam com o conto, em função do qual se emerge a necessidade que envolve a sua recondução aos elementos depurados de um código, verdadeira não deixa de se manter a leitura que mostra que "os elementos lendários são os mais fáceis de combinar, os mais aptos a proliferar, abertos, por isso, aos efeitos da mutação e às vias da evolução".[222]

---

[221]. Ramnoux In: Luccioni et al., 1977, p. 19.
[222]. Ramnoux In: Luccioni et al., 1977, p. 19.

À distinção que envolve os modos de expressão do mito [imaginosa ou conceitual, jurídica ou teológica, ou metafísica] se impõe a leitura que assinala que a sua emergência abrange das histórias de animais às histórias de homens ou de coisas, nas quais se molda, não recusando a Terra, o Mar, o Céu ou os astros como seus portadores, nem o acontecimento histórico [sob a perspectiva de uma peça enigmática ou de mensagem], tampouco um aparelho conceitual, definindo-se, nessa perspectiva, uma espécie de limiar comparável ao limiar que representa a invenção da escrita, tendo em vista a mudança substancial que ocorre conforme as informações e os valores sejam transmitidos pelo *medium* do recitativo ou com um livro, como também se nesta transmissão o povo conta história ou conta sua história interpretada como mensagem divina.

Um vocabulário e moldes adequados; a capacidade de forjar palavras novas; um modo inovador de construir frases usando essas palavras novas através de um discurso coerente [segundo o modelo discursivo dos geômetras ou físicos]. Eis as condições que se inter-relacionam para possibilitar que um povo encarne seus pudores, suas honras, sua relação com o ambiente, com as potências e com os mortos, elaborando as construções verbais que desde Aristóteles são denominadas metafísicas [com as éticas subordinadas].[223]

> Há uma coisa em comum a todas e quaisquer imagens do homem: *em todo caso ele terá sempre razão*, mesmo quando a tenha só cripticamente. Com efeito, hoje bem se vê como a razão se oculta na manifesta crise da linguagem falada e escrita [...]. A verdade é que até o próprio mito tem sua razão; que ele espera sempre, para afirmá-la e confirmá-la, que o exercício do pensamento lógico discursivo chegue até o seu limite.[224]

Nessa perspectiva, pois, emergindo como um dispositivo inerente ao ser humano, a razão, que o possibilita a *inteligir*, não se esgota na estrutura lógico-discursiva ou analítico-conceptual da *ratio*, tornando-se a inteligibilidade um processo que envolve desde uma

---

[223]. "Não haveria pois diferença essencial entre a lenda reconduzida a suas origens e a metafísica elaborada com a perfeição estrutural de um discurso coerente. Estas formações, prodigiosas e diversas de aparência, prestariam no fundo o mesmo serviço, isto é, ajudar os homens a mediatizar problemáticas de cultura provisória ou definitivamente insolúveis e a conviver com elas; no melhor dos casos, a fomentar e promover na afeição dos homens criações de ordem institucional, técnica, ética ou política." [Ramnoux In: Luccioni et al., 1977, p. 27]

[224]. Sousa, 1978, pp. 13-14, grifos do autor.

apreensão proporcional, normativa e mediadora [*ratio*] até uma intuição imediata e direta das coisas [*intellectus*], a qual, por sua vez, guardando correspondência com o dizer do mítico e do poético, se impõe como o *suprarracional*, não acenando a sua expressão para o âmbito explicativo, mas *simbólico*, à medida que perfaz, em suma, o aperceber da *sensibilidade*, detendo o homem a possibilidade de *personificar*, nas dimensões existenciais do horizonte, em função da capacidade em questão, o drama da existência.[225]

> [...] O mito apenas mergulha na ausência infinita do mesmo, na profundeza aberta do "não é". Ele é a ausência de clausura do discurso, da história. Por isso é o mito que pode interpretar a história, a realidade (enquanto discurso), não o inverso, pois é ele que pode inscrever no discurso o hiato do ser entregue ao tempo, impedir o recolhimento da realidade, barrar para sempre a identidade.
> [...]
> O mito é a metáfora ao infinito. A metáfora remetida ao infinito: passando o ser, como o Letes de seu abismo, ao infinito.

---

[225]. "Nas dimensões existenciais do horizonte, onde é personificado o drama da existência, homem e mundo, diz Eudoro de Sousa, são inseparáveis parceiros do mesmo jogo. Quer dizer, o mundo é função do homem e o homem é função do mundo e ambos dependem do mesmo Projeto instaurador do Ser, em que 'mundo está para o homem' e em que 'homem está para o mundo'." [Bastos, 1998, p. 61]

Remetendo seu lugar de ser no alhures do discurso.[226]

Se o *lógos* humano se impõe, segundo Andrés Ortiz-Osés [1943], como a interpretação *simbólica* da realidade, a hermenêutica não se detém senão, dessa forma, nas fronteiras da linguagem *simbólica*, à medida que a inteligibilidade dos signos guarda correspondência com o horizonte dos princípios de identidade e contradição, emergindo o *simbólico* no âmbito que envolve a relação e a analogia, a qual, instituindo, sem excluir, uma identidade, não se reduz a esta, escapando à restrição da singularidade e da imanência, tendo em vista que "guardada e recolhida pela analogia, é remontada e transportada para a transcendência do universal e do essencial".[227]

Nessa perspectiva, pois, se, mantendo uma relação convencional envolvendo as realidades e as significações a que se destinam, os produtos comuns emergem como signos, os produtos artísticos guardam um caráter de essencialidade, escapando à convencionalidade, tanto

---

[226]. Rabant In: Luccioni et al., 1977, p. 37.

[227]. Bastos, 1998, p. 47.

quanto à transmissão de mensagens particulares ou contingentes, visto que se impõem como *símbolos*, conforme esclarece Mukařovský.[228]

Se para a corrente neopositivista de tendência anglo-americana o *símbolo* equivale a um signo arbitrário, para a hermenêutica ontológica de Ortiz-Osés [escola de Gadamer], assim como para a semiologia fenomenológica de Mukařovský [*Cercle Linguistique de Prague*], o símbolo possui um *sentido*, pois

> no signo, de modo arbitrário, se determina um equilíbrio ou um acordo convencional entre o significado e o significante. No

---

[228]. "Segundo a definição vulgar, o signo é um facto sensorial que se refere a uma realidade, que por meio dele se pretende evocar. Vemo-nos, pois, obrigados a inquirir qual é essa outra realidade, substituída pela obra de arte. É certo que poderíamos contentar-nos com a afirmação de que a obra de arte é um signo *autónomo*, caracterizado unicamente pelo facto de servir de intermediário entre os membros de uma colectividade. Mas, desta forma, a questão do contato da obra-coisa com a realidade seria apenas relegada para outro plano sem ter recebido solução. Há signos que se não referem a uma realidade diferente deles, e no entanto o signo significa sempre algo – o que se deduz naturalmente do facto de ele ter de ser compreendido tanto por quem o emite como por quem o recebe. Porém, no caso dos signos autónomos, esse 'algo' não é claramente determinado. Qual é então essa realidade indefinida a que se refere a obra de arte? É o contexto geral dos fenómenos ditos sociais, como, por exemplo, a filosofia, a política, a religião, a economia, etc." [Mukařovský, 1997, p. 13, grifo do autor]

símbolo, não obstante o desequilíbrio ou tensão ontológica, o significado essencial ou transcendente se instaura no significante material ou imanente como em sua matéria de revelação.[229]

Nessa perspectiva, pois, se a tensão ontológica envolve a instauração da *verdade*, que guarda relação com o processo de *Alétheia*[230], simultaneidade do des-ocultar e do ocultar das coisas, a inteligibilidade, sob a acepção de razão discursiva ou conceptual, em virtude dos seus esquemas de seleção e consequente exclusão que caracteriza a sua operação, não detém condições de explorar o inexplorável, exaurir o inexaurível, escapando-lhe, portanto, a possibilidade de compreensão ou vislumbre do mito, cuja

---

[229]. Bastos, 1998, p. 48.

[230]. "*Alétheia* é o termo grego para 'verdade, veracidade, honestidade, sinceridade'. *Alethes* é 'verdadeiro; sincero, franco; real, atual'. Há também um verbo, *aletheuein*, 'falar verdadeiramente, etc.' (cf. XIX, 21ss), Estas palavras estão relacionadas a *lanthanein*, e a uma forma mais antiga, *lethein*, 'passar despercebido, não ser visto', e *lethe*, 'esquecer, esquecimento'. Em grego, uma inicial *a* é em geral privativa, como o prefixo latino *in-* ou o germânico *un-*. (O 'alfa privativo' ocorre em muitas palavras derivadas do grego: 'anônimo', 'ateísmo', etc.) *Alethes*, *alétheia* são geralmente aceitos como sendo *a-lethes*, *a-letheia*, ou seja, 'não escondido ou esquecido', ou aquele que 'não esconde nem esquece'. [Inwood, 2002, pp. 4-5]

linguagem [ou inteligibilidade] se impõe através de outra natureza, à medida que converge para as fronteiras que encerram o *dizer poético* [linguagem estética] e a presença do divino, carregando uma expressão que não se esgota no âmbito da explicabilidade mas emerge prenhe de *simbolismo*.[231]

Se acena com um acontecimento que em sua manifestação não deixa de lutar com a sombra, a *claridade*, única possibilidade que carrega aquilo que aparece de mostrar-se, segundo a leitura de Heidegger, emerge através de uma dimensão de *abertura* e de *liberdade* que impera seja "onde um ente se presenta em face de um outro que se presenta ou apenas se demora ao seu encontro", seja onde um "ente se reflete no outro especulativamente", à medida que se impõe para assegurar ao movimento do pensamento especulativo as condições suscitadas por intermédio do seu

---

[231]. *Descobrimento* e *manifestação*, eis o que se impõe ao mito, o qual "revela tudo aquilo que não pode ser dito de forma não-simbólica", caracterizando-se os símbolos como "a saída que a humanidade obteve para dizer algo que não poderia ser dito de outra forma, por ser muito complexo, muito enigmático, ou muito traumático e existencial." [Franco, 1995, p. 69]

objeto.[232]

Tradução do francês *Clairière*, a palavra alemã *Lichtung*[233] se impõe como *clareira* [*die Lichtung*], designação heideggeriana para cujas fronteiras converge *abertura* que, segundo a leitura em questão, guarda a possibilidade de um aparecer e de um mostrar-se, cuja perspectiva dialoga com a própria formação do termo, que inter-relaciona *Waldung* [que equivale "a floresta, região de florestas"] e *Feldung* ["campo, zona de campo"].

Opondo-se à *floresta cerrada* [*Dickung*, que procede de *dick*, "grosso, espesso, cerrado"], o substantivo *clareira* [da floresta] acena para o adjetivo *claro*, trazendo como origem o verbo *clarear*, que, em suma, significa "tornar algo leve, tornar algo livre e aberto", cuja imagística assinala a

---

[232]. Heidegger, 1996.

[233]. "*Lichtung* e *lichten* originam-se de *Licht*, 'luz', mas já perderam esta ligação, tendo passado a significar, em seu uso mais comum, 'clareira, senda' numa floresta, 'clarear' uma área. Heidegger retoma a sua associação com a luz, de modo que significam 'iluminação, iluminar'. Seu uso dos termos é influenciado pelo mito narrado por Platão dos prisioneiros em uma caverna que, primeiramente conscientes apenas das sombras projetadas por uma fogueira na caverna, saem dela e finalmente vêem o sol, a fonte de toda verdade e ser (*República*, 514ª1ss)." [Inwood, 2002, p. 39]

dimensão que o substantivo em questão corporifica à medida que o adjetivo, que detém o sentido de livre e aberto, escapa a qualquer relação de convergência envolvendo *luminoso*, tanto sob a perspectiva linguística como da leitura que alude à coisa que é expressa, como a investigação de Heidegger propõe, mostrando que se há possibilidade efetiva quanto a incidência da luz na *clareira* suscitando em sua dimensão o jogo entre o claro e o escuro, a luz jamais antes a cria, posto que a pressupõe.

Não se circunscrevendo a *clareira*, como dimensão livre, à claridade e à sombra, eis que se dispõe também para "a voz que reboa e para o eco que se perde, para tudo que soa e ressoa e morre na distância"[234], para tudo, enfim, que se presenta e ausenta, emergindo como um *fenômeno originário*[235], ou melhor, uma questão originária, que não se

---

[234]. Heidegger, 1996, p. 103.

[235] . Traduzido seja por "protofenômeno", seja por "fenômeno originário", o termo *Urphänomenon* foi introduzido por *Johann Wolfgang von Goethe* [1749-1832] em sua obra *Teoria das cores* [*Farbenlehre*, 1808] e em vários outros escritos: "Segundo Goethe, há certos fenômenos que se dão à intuição e que expressam certos modos de ser básicos. O *Urphänomenon* é um 'modelo' ou 'regra' fundamental de que deriva, ou

inclina a simples representações de puras palavras, mas que demanda que, sob a acepção referida, deixe que diga algo, à medida que converge para "aquilo em que tanto o puro espaço como o tempo estático e tudo o que neles se presenta e ausenta possui o lugar que recolhe e protege".[236]

Emergindo o evidente [237] como o imediatamente compreensível, se ao pensamento dialético-especulativo se impõe uma relação de dependência envolvendo a *clareira*, a esta não escapa também à intuição originária e sua evidência, tendo em vista que não se detendo nas fronteiras da ação de ver [*videre*], a língua grega remete àquilo que brilha, que, em suma, somente pode fazê-lo através da *abertura* que já impera e que, dessa forma, possibilita "um dar e um receber", assegurando a dimensão aberta para a evidência, "onde podem demorar-se e devem mover-se".[238]

---

pode derivar, uma multiplicidade de formas." [Mora, 2001, p. 2956]

[236]. Heidegger, 1996, p. 103.

[237]. *Evidentia* traduz a palavra grega *enárgeia*, que guarda a mesma raiz de *argentum* [prata], designando "aquilo que brilha em si e a partir de si mesmo e assim se expõe à luz." [Heidegger, 1996, p. 103]

[238]. Heidegger, 1996, p. 103.

Se o pensamento filosófico movimenta-se através do seu método à medida que se dispõe à livre dimensão da *clareira*, ignora, no entanto, esta última [*clareira do ser*], embora se incline sobre a luz da razão [*lumen naturale*], que, por sua vez, somente ilumina o aberto, não havendo possibilidade de constituir o que se impõe como uma necessidade para a própria iluminação daquilo que nela [a saber, a *clareira*] se presenta.

> Quer seja experimentado aquilo que se presenta, quer seja compreendido e exposto ou não, sempre a presença, como o demorar-se dentro da dimensão do aberto, permanece dependente da clareira já imperante. Mesmo o que se ausenta não pode ser como tal, a não ser que se desdobre na livre dimensão da clareira.[239]

Recorrendo à perspectiva de Platão, cuja linguagem se impõe à toda a metafísica, alcançando inclusive o positivismo, a investigação heideggeriana assinala o *eídos* [*idéa*], que emerge como a exposição do ser do ente, a aparência, um modo de presença, através da qual o ente como tal se mostra, convergindo para uma dependência envolvendo a luz que, no entanto, precisa da *clareira*, sem a

---

[239]. Heidegger, 1996, p. 104.

qual não há também claridade, nem mesmo a sombra.

Nessa perspectiva, à *clareira* que impera no ser, na presença, se impõe o poema filosófico de Parmênides [530 a.C./460 a.C.], que traz o primeiro indício de meditação acerca do ser do ente, do qual emerge a *Alétheia*[240], o desvelamento [*Unverborgenheit*], designada como perfeitamente esférica à medida que girando na circularidade pura do círculo assinala a coincidência que, em cada ponto, envolve começo e fim, mantendo-se excluído deste movimento rotatório toda possibilidade de desvio, deformação e ocultação.

> [...] é preciso que de tudo te instruas,
> do âmago inabalável da verdade bem redonda,
> e de opiniões de mortais, em que não há fé verdadeira.[241]

O coração inconcusso do desvelamento[242], horizonte da

---

[240]. "Através de toda sua história, *Alétheia* encontra-se no coração do problema do Ser: por trás da *Alétheia* do adivinho, do poeta inspirado, reconhecemos a noção de 'palavra-realidade', e a *Alétheia* das seitas filosófico-religiosas nos apareceu como um primeiro esboço do Ser-Um. Contudo, em Parmênides, a questão do Ser é central. Se a *Alétheia* representa um papel capital em seu sistema de pensamento, é porque a filosofia parmenídica é uma filosofia do Ser." [Detienne, 1988, p. 70]

[241]. Parmênides In: Souza, 1999, p. 122.

experiência da meditação, não guarda relação senão com o que carrega de mais próprio, correspondendo à dimensão do silêncio, à *clareira do aberto*, que se impõe ao caminho do pensamento, seja de caráter especulativo ou intuitivo, tendo em vista que na abertura em questão emerge a possibilidade do aparecer, da própria presença presentar-se, garantindo, em suma, a possibilidade do caminho em direção da presença, possibilitando a ela mesma o presentar-se, assegurando a *Alétheia*[243], nesta perspectiva, a inter-relação que envolve "ser e pensar e seu presentar-se recíproco", o *comum-pertencer* de ambos, enfim, o "acordo

---

[242]. Expressão que, segundo a citação de Heidegger, emerge do texto de Parmênides:

"[...] tu, porém, deves aprender tudo:
tanto o coração inconcusso do desvelamento
em sua esfericidade perfeita,
como a opinião dos mortais a que falta
a confiança no desvelado." [Heidegger, 1996, p. 104]

[243]. Detendo-se na problemática das relações entre a palavra e a realidade, no âmbito da qual a questão do Ser em Parmênides emerge, Detienne afirma: "À questão de saber se o *lógos* é o real, todo o real, e de saber qual é o ponto fixo no discorrer das palavras, Parmênides responde da seguinte maneira: o Ser é, o Não-Ser não é. O Ser é, aí está a *Alétheia*." [Detienne, 1988, p. 71]

entre presença e apreensão".²⁴⁴

Se a aliança em questão detém o fundamento que carrega a possibilidade de atribuir ao pensamento verdadeira seriedade e compromisso, o discurso que envolve tal horizonte permanece infundado sem a experiência prévia da *Alétheia* como a *clareira*, conforme o fez Parmênides esclarecendo que "o caminho que conduz até lá separa-se da estrada em que vagueia a opinião dos mortais"²⁴⁵, emergindo a acepção que caracteriza o referido acontecimento [a saber, desvelamento²⁴⁶] como o único

---

²⁴⁴. Heidegger, 1996, p. 105.

²⁴⁵. Heidegger, 1996, p. 105.

²⁴⁶. "Quando Parmênides quer definir a natureza de sua atividade espiritual, delimitar o objeto de sua busca, recorre ao vocabulário religioso das seitas e das confrarias. [...]. Ao galope de seus 'eloquentes jumentos', Parmênides se lança numa espécie de além: passa da Noite ao Dia, das Tenebrosas à Luz. Por trás das pesadas portas que guarda a Justiça, obtém a visão direta da Deusa que lhe confere, como fazem as Musas com Hesíodo, a revelação sob a máscara do Eleito, do homem de exceção: ele é aquele que sabe. *Alétheia* é seu privilégio. 'Mestre da verdade', distingue-se 'daqueles que nada sabem', 'os homens de duas cabeças, surdos, cegos'. O caminho da 'Verdade' não pode se confundir com a via que seguem os homens 'de olhar desvairado, de ouvidos zumbidores'. Solidária a um dom de vidência análogo ao dos adivinhos e dos poetas inspirados, a *Alétheia* de Parmênides se desenvolve, além de tudo, no centro de uma configuração de potências perfeitamente semelhante àquela que domina o pensamento religioso mais antigo."

elemento através do qual ser e pensar e seu *comum-pertencer* podem dar-se.

Se a *Alétheia* se impõe ao começo da Filosofia, a sua tarefa como metafísica desde Aristóteles converge para "pensar o ente como tal ontoteologicamente", escapando à sua tradução pela palavra corrente *verdade* em virtude do sentido *natural* da tradição que a assinala como concordância[247], que se põe à luz ao nível do ente, tanto quanto como a certeza do saber a respeito do ser a partir do ser, tendo em vista que a verdade mesma, assim como ser e pensar, somente carrega a possibilidade de ser o que é através da *clareira*, em cujo âmbito evidência e *veritas*, já *com* esta, movem-se.

Se a questão do desvelamento [*Alétheia*] não se impõe como a questão da verdade, torna-se inadequado

---

[Detienne, 1988, pp. 69-70]

[247]. "Platão erra ao relacionar a verdade à luz. Nós perdemos a idéia do encobrimento e assim a força privativa de *a-letheia*: a luz é constante – nunca está ligada ou desligada – e revela tudo que há a qualquer um que olhe. Nós perdemos a idéia do aberto, que deve persistir através do nosso desvelamento dos entes: uma luz única não pode ser responsável tanto pela abertura do aberto quanto pelo desvelamento de entes particulares (LXV, 339)." [Inwood, 2002, p. 5]

estabelecer tal relação, pois a tradução pela palavra *verdade*, tanto quanto a determinação teórica e conceitual que envolve o termo, tendem a encobrir o sentido daquilo que o pensamento grego propunha, enquanto compreensão pré-filosófica, na base do seu uso terminológico[248].

A razão pela qual a *Alétheia* somente se manifesta como retitude e segurança no âmbito que envolve a experiência natural e o dizer do homem, eis a questão que se impõe à investigação heideggeriana, que propõe como possibilidade o fato de o seu morar *ec-stático* na abertura do

---

[248]. Caracterizando como fatal o erro de Platão, Inwood se lhe atribui o início do processo que implica "o declínio da *a-letheia* para a 'correção' e para a verdade como adequação", afirmando que "*Alétheia* era originalmente o aspecto básico da *phýsis* (aproximadamente, 'natureza'), e assim 'rejeita essencialmente qualquer questão acerca de sua relação com qualquer outra coisa, tal como o pensamento' (LXV, 329). Em Platão, ela 'aparece sob o jugo da *idea*' (P. 228). *Idea*, do grego *idein*, 'ver', refere-se, na explicação de Heidegger, ao 'aspecto [*Aussehen*] visual dos entes. A ascensão dos prisioneiros para fora da caverna é uma 'correção' progressiva da sua visão desta *idea* e do ente cuja *idea* ele é. Por conseguinte, *alétheia* já não é primordialmente uma característica de entes: ela trabalha junto com a alma e consiste numa *homoiosis*, uma 'semelhança', entre elas. *Homoiosis* tornou-se desde então *adaequatio* e depois 'concordância', e desde Descartes a relação entre alma e entes tornou-se a relação sujeito-objeto, mediada pela 'representação', o declínio degenerado da *idea* de Platão. Verdade torna-se correção, e seu 'espaço de jogo [*Spielraum*]', o aberto, é negligenciado (LXV, 198, 329ss)." [Inwood, 2002, pp. 5-6]

presentar-se se manter voltado para aquilo que se presenta e para a presentificação objetiva do que se presenta, que converge para a conclusão de que a presença como tal, tanto quanto a *clareira* que a assegura, não serem objetos de consideração.

Se a experiência e o pensamento abrange apenas aquilo que a Alétheia como *clareira* assegura, não aquilo que ela, no entanto, como tal é, o caráter oculto que incorpora escapa ao acaso, tanto quanto à negligência do pensamento humano, acontecendo porque a ocultação, o velamento, a Léthe, faz parte da Alétheia[249], como o seu próprio coração, não no sentido que envolve um puro acréscimo, nem como a relação que emerge entre a sombra e a luz, imperando neste ocultar-se da *clareira* da presença um proteger e

---

[249]. "Não há, portanto, de um lado Alétheia (+) e do outro Léthe (-), mas, entre estes dois pólos, desenvolve-se uma zona intermediária, na qual Alétheia se desloca progressivamente em direção a Léthe, e assim reciprocamente. A 'negatividade' não está, pois, isolada, colocada à parte do Ser; ela é um desdobramento da 'Verdade', sua sombra inseparável. As duas potências antitéticas não são, portanto, contraditórias, tendem uma à outra; o positivo tende ao negativo, que, de certo modo, 'o nega', mas sem o qual não se sustenta." [Detienne, 1988, p. 41]

conservar, único âmbito que possibilita o desvelamento, perspectiva que, à medida que somente assim pode manifestar-se em sua presença aquilo que se presenta, torna a *clareira* da presença a "clareira da presença que se vela, clareira da proteção que se vela".[250]

Nessa perspectiva, o *simbólico*[251], que guarda inter-relação envolvendo o sentido com o qual acena a *abertura* [*clareira*] e que dialoga com a carga de *Alétheia*, segundo Heidegger, se impõe às possibilidades de compreensão e definição do Ser, "intersecções limite-liminar das coisas", cuja determinação mantém correspondência com a linguagem do universo inexaurível do *símbolo*, no arcabouço da qual os liames relacionais escapam à unilateralidade e finitude, religando-se, uns aos outros, na correspondência que os mantêm, alcançando a essência das coisas a revelação através da sua expressão, que, trazendo como

---

[250]. Heidegger, 1996, p. 107.

[251]. Se toda a realidade, na sua forma originária, sobrepondo-se à condição que a circunscreve ao âmbito de um mundo determinado de coisas, se impõe como uma "atividade vivente" experiencializada pelo homem, o simbólico consiste na união envolvendo imanência e transcendência, cuja relação implica um conteúdo que, caracterizando-se em princípio como "superintuitivo", através de um processo de exteriorização emerge em forma intuitiva, segundo Cassirer [1998c].

raízes o "mistério do *horizonte*[252]", estabelece a reintegração que envolve a origem e o originado, o todo e a parte, o infinito e o finito, tornando-se a simbologia hermenêutica [ou a interpretação *simbólica*] a "ideia-chave" que possibilita a construção de uma compreensão acerca do mistério em questão, como esclarece Fernando Bastos, dizendo que "'símbolo' ou 'ideia-chave' é a *complementariedade*, a 'cifra' das codificações lógica e mítica do 'mistério do horizonte'", consignado, nessa perspectiva, como a "*complementariedade do horizonte*".[253]

Limite ou medida de extensão da consciência, eis a leitura do conceito em referência, definido como "*a adequação da grandeza dos conhecimentos às aptidões e fins do*

---

[252]. *Horízon*, em grego, é um conceito que emerge pela primeira vez no contexto da filosofia ocidental por intermédio de Anaximandro, que impôs ao *ápeiron* [o Indefinido] um sentido que acena para "aquilo que 'envolve e governa todas as coisas'" [*periéchon*], convergindo para a conclusão de que "para a concepção *peri phýseos* do filósofo de Mileto, o *ápeiron*, compreendido como *periéchon*, equivale à *arché* ou Princípio que 'envolve e governa todas as coisas'." [Bastos, 1998, p. 49]

[253]. Bastos, 1998, p. 49, grifos do autor.

sujeito" [254], segundo o pensamento kantiano que, caracterizando a filosofia moderna, o determina de três modos à medida que envolve o que o homem *pode* saber, o que lhe é *lícito* saber e o que ele *deve* saber, emergindo respectivamente no âmbito que abrange os horizontes lógico [255], estético [256] e prático [257], que guardam correspondência, respectivamente, com a faculdade ou os poderes do conhecimento em relação ao *interesse do entendimento*, com o *gosto* em relação ao *interesse do sentimento*, com a *utilidade* em relação ao *interesse da vontade*,

---

[254]. Kant, VI/A53, 1992, p. 57, grifos do autor.

[255]. "Aqui o que temos que avaliar é até que ponto podemos chegar em nossos conhecimentos, até que ponto podemos avançar e em que medida certos conhecimentos servem, de um ponto de vista lógico, de meios para estes ou aqueles conhecimentos mais importantes a título de fins nossos." [Kant, VI/A53, 1992, pp. 57-58]

[256]. "Quem determina esteticamente o seu horizonte procura organizar a ciência ou, de modo geral, procura adquirir tão-somente aqueles conhecimentos que se deixam comunicar universalmente e nos quais até mesmo os não-doutos encontrem o que lhes agrade e interesse." [Kant, VI/A53, 1992, p. 58]

[257]. "O horizonte prático, na medida em que é determinado segundo a influência que um conhecimento tem sobre a nossa moralidade, é *pragmático* e da máxima importância." [Kant, VI/A54, 1992, p. 58, grifo do autor]

que encerram questões que se dispõem à análise através da perspectiva metafísica, da perspectiva da estética e da religião, e da perspectiva moral.

À leitura contemporânea do referido conceito se impõe a perspectiva fenomenológica, tanto quanto aquelas que dialogam com as suas tendências, além da hermenêutica, convergindo o pensamento husserliano para entendê-lo como o limite temporal, que encerra a compreensão que emerge como presente ou *agora*, abrangendo toda experiência vivida, à medida que

> todo *agora* de vivências tem um horizonte destas vivências, que têm precisamente também a forma originária do 'agora', e enquanto tais constituem o *horizonte originário e uno do eu puro*, o *agora* originário e total da consciência correspondente.[258]

Impondo-se como a constituição ontológica do mundo, a temporalidade, segundo Heidegger, emerge como o horizonte que, guardando equivalência com "limites

---

[258]. "[...] todo *ahora* de vivencias tiene un horizonte de éstas que tienen precisamente también la forma originaria del 'ahora', y em cuanto tales constituyen el *horizonte originario y uno del yo puro*, el *ahora* originario y total de la conciencia correspondiente." [Husserl, § 82, 1986, p. 195, grifos do autor]

[últimos]", detém a possibilidade que envolve qualquer compreensibilidade do Ser, tornando-se tal conceito para Karl Jaspers [1883-1969] a "realidade abrangente"[259] ou o "englobante" [*das Umgreifende*], "ser em si mesmo", no caso, correspondendo à fonte que possibilita a emergência de todos os novos horizontes, a despeito de escapar à visibilidade, inclinando-se, enfim, na atualidade para assinalar "situações ou limites de validade cognitivos, relacionando-se com a ideia de totalidade ou abrangência".[260]

Nessa perspectiva, limite ou medida de extensão da consciência, ou limite temporal, que encerra a compreensão que se impõe como presente ou *agora*, abrangendo toda experiência vivida, ou temporalidade, horizonte não dialoga senão com os atalhos do *simbólico*, que tem a *abertura* [*clareira*] como o seu lugar, acenando as

---

[259]. "A realidade abrangente sempre se anuncia simplesmente – em objetos presentes e no âmbito dos horizontes – mas nunca se torna um objeto. Nunca aparecendo a nós ela mesma, é aquilo que tudo o mais parece. É ainda aquilo por que todas as coisas não apenas são o que imediatamente parecem ser, mas permanecem transparentes." [Jaspers, 1973, p. 22]

[260]. Bastos, 1998, p. 51.

suas fronteiras com a inter-relação que envolve *mythos* e *lógos*, cuja vivência primordial escapa à reflexão filosófica e à investigação científica em virtude da instauração do processo de redução da linguagem ao nível da instrumentalização e a sua circunscrição ao âmbito operativo, que converge, à medida que à dimensão conotadora se sobrepõe a esfera da denotação, para restringir ao reduto de uma realidade que guarda raízes no universo técnico-científico a experiência do pensamento, que tende a um ser ao qual se impõe uma adesão que o impossibilita de dialogar com o fascinante mistério que se impõe sempre em sua densidade existencial "desde a primeira transposição mítica até a derradeira transposição metafísica da incógnita" situada "no início da história e no limiar da consciência".[261]

---

[261]. Sousa, 1975, p. 15.

ASPECTOS CONCLUSIVOS

A capacidade de estabelecer a distinção entre a realidade e a *possibilidade*, eis a prerrogativa da estrutura fundamental do intelecto humano, característica do pensamento *simbólico*, conforme o exposto no Capítulo 1 [DO *ANIMAL SYMBOLICUM*], que destaca a inter-relação que envolve as necessidades básicas e as respostas culturais, que abrange, no tocante a toda civilização e a todos os indivíduos, a realização das funções em referência, que guardam relação com as condições ambientes, de modo que ao determinismo biológico que, neste sentido, emerge, exercendo influência sobre todas as formas de comportamento, se impõe uma série de sequências vitais, demandando os problemas suscitados pelas necessidades orgânicas ou básicas do homem e da raça a construção de um novo ambiente, secundário ou artificial, que inaugura a "*lógica da expressão*" que emerge da percepção, da linguagem e do trabalho, caracterizando "a estrutura *simbólica*" da ordem humana, que não é senão "*possibilidade*", ou seja, "relação com a ausência".

Carregando um sistema que possibilita a emergência

do homem como um "ser de relação", ao arcabouço físico se sobrepõe a sua atividade simbólica, que converge para a transposição das fronteiras de uma realidade que inicialmente se impõe através de uma estrutura física e biológica, alcançando um "mundo ideal" que emerge de um horizonte que envolve da religião à arte, da filosofia à ciência, distinguindo-se do mundo do animal que, circunscrito a si, possui uma inteligência que não se detém senão nas fronteiras que a caracterizam como concreta, convergindo para certo grau de complexidade que envolve a organização das "sociedades" de determinados animais, que demonstram capacidade de aprendizagem e ensino quanto às demandas de adaptabilidade e formas de sobrevivência que se impõem às situações novas, cujo processo, todavia, não obtém o resultado da transformação com a qual a atividade humana acena, à medida que não se caracterizando como um comportamento por sinais a ação humana se desenvolve através de *símbolos*, presentificando uma ausência, assinalando, em suma, a sua tendência de se relacionar com o "ausente" e com o "possível".

Ao comportamento, segundo o exposto no Capítulo

1 [DO *ANIMAL SYMBOLICUM*], se impõe um tratamento dialético que o caracteriza como luta e relação [significativa] do corpo com o ambiente, acenando com a irredutibilidade à causalidade mecânica e à finalidade externa, à medida que emerge como estrutura, totalidade autorregulada de correspondências carregadas de objetivo imanente, conforme propõe a perspectiva merleau-pontiana, que destaca o caráter de "inteligibilidade nascente" para o qual converge a noção em questão, que desfaz a oposição que envolve exterioridade e interioridade, assinalando a "estruturação" como *sentido* ou relação *simbólica* com o âmbito que intersecciona a *possibilidade* e a ausência, das quais resulta a transformação da linguagem, do trabalho, da cultura, em suma, em práxis.

Se no Capítulo 2 [DO PENSAMENTO MÍTICO] a leitura de Eudoro de Sousa guarda indícios que acenam com a dimensão ontológica do sensível, ao *simbólico*, nesta perspectiva, se impõe a busca de uma universalidade oblíqua que, transpondo as fronteiras da supressão do universal em nome da particularidade, dialoga com a possibilidade de construção de um horizonte como aquele para o qual convergem o pintor e o poeta, acenando, pois, como vertical, com a simultaneidade de dimensões diferenciadas e inter-relacionadas, não encerrando senão uma noção que assinala uma coesividade que prescinde da conceitualidade e que pressupõe, em virtude da sua natureza, uma tensão entre inerência e transcendência.

Relação que envolve perfis e horizontes, carregando uma condição à qual se impõe a *abertura*, implicando, em síntese, uma essencial incompletez, eis a característica que emerge da correspondência que abrange sensibilidade e natureza, a simbolicidade da qual acena com o inacabamento e a latência do ausente através daquilo que está presente, à medida que a realização da perceptividade não demanda senão transgressão e transitividade entre os sentidos, a cuja operação escapa qualquer possibilidade de leitura na qual um deles se confunda com os demais ou configure a sua redução ao âmbito de um dentre eles, convergindo, em suma, para não liquidar em seus domínios a construção em questão, desde sempre inexaurível, seja ao se deter nas suas fronteiras, seja ao transpô-las, como assinala, enfim, o mítico.

À natureza ou "essência" humana se impõe o pressuposto que não se esgota nas fronteiras do caráter substancial mas converge para o caráter funcional, conforme o exposto no Capítulo 3 [DO *HOMO MYTHOLOGICUS*], que defende a perspectiva que sublinha o trabalho como possibilidade de humanização através de um horizonte que inter-relaciona a linguagem, o mito, a religião, a arte, a ciência e a história, os quais, guardando um *vinculum functionale*, carregam inumeráveis formas e expressões que encerram uma unidade de ação, que envolve o processo criativo e acena com um fim comum, à medida que o *simbólico* engendra a construção da realidade, perfazendo um mundo que emerge da relação que se desenvolve entre sociedade e natureza não mais como "natural" mas como cultural, na acepção de totalidade significacional.

Nessa perspectiva, pois, ao *simbólico*, no tocante à construção da realidade, se impõe uma dialética que envolve a massa informe do caos do contexto cultural e converge para um jogo combinatório que corresponde às possibilidades intrínsecas ao seu próprio material, guardando capacidade de acenar com uma significação imprevista em função das permutações e transformações que, independentemente de toda busca de sentido ou de efeito, emergem através de uma experiência que escapa ao âmbito da consciência, percorrendo as labirínticas dimensionalidades humanas através de um horizonte que inter-relaciona a linguagem, o mito, a religião, a arte, a ciência e a história, dos caminhos que seduzem às linhas de força que influenciam, das formas territorializadas que apelam aos signos que arbitram, mantendo-se, em nome da "problematicidade", no lugar da correspondência, no qual todas as "re-presentações" fazem o *sentido* "trans-parecer" por intermédio de um exercício dialógico que, transpondo as fronteiras da razão, possibilita, na relação que envolve a totalidade significacional, a "recriacionalidade" dos valores que a partir de então caracterizam das ideias às imagens, dos atos aos objetos, etc., aos personagens, enfim.

À construção *simbólica* da realidade se impõe um horizonte que guarda correspondência com simetrias e oposições, além de relações determinadas entre os diversos elementos, sucessões que escapam à aleatoriedade, como a proibição que antecede à transgressão, a qual, por sua vez, precede à punição, como o dom dos objetos mágicos no que concerne às provas, convergindo o processo em questão, através dos elementos subjacentes à estruturalidade da totalidade significacional à qual remete o mundo cultural, para a transposição das fronteiras das interdições, circunscritas ao dizível, tendo em vista que o que emerge é a possibilidade da linguagem manifestar o que até então se mantém à margem da expressão, ou melhor, da própria vivência humana, da qual não pode fugir, se é a invenção que sustenta o jogo do *simbólico*, acenando com a atividade artística e a formulação estética da existência.

Carregando a possibilidade de expressar perfeitamente sob a condição de não fazê-lo absolutamente, à linguagem, pois, segundo a leitura do Capítulo 4 [DO *HOMO POETICUS*], se impõe um caráter enigmático, à medida que a sua força não subjaz senão ao paradoxo que envolve uma relação que, inclinando-se sobre as significações, não alcança a sua posse senão no âmbito das fronteiras alusivas, tendo em vista que não se esgotando como tal, a corporeidade sonora e gráfica que utiliza acena com um sentido incorpóreo, caracterizando-a, em suma, como totalidade simultânea e aberta, tornando-se a experiência da fala a manifestação da expressão que guarda raízes nas regiões subterrâneas do arcabouço da percepção, "emergência de um ser que se ouve falando e se duplica porque se diz a si mesmo, vai sendo à medida que se vai dizendo, como aquele que, ao despertar, diz: 'Dormi'."[262]

Nesta perspectiva, pois, ao *simbólico* que a linguagem carrega, sobrepondo às noções estáticas envolvendo essência e ser o *devir*, se impõe uma verdade que escapa tanto à coincidência de uma consciência consigo mesma como à adequação do intelecto às coisas, pois à medida que a fala estabelece uma relação que abrange a totalidade aberta, o próprio homem envolvido no processo, além dos outros, caracteriza-se como eixo virtual para o qual as palavras e as ideias se deslocam sem a pretensão de domínio, cuja tendência não guarda imbricação senão com a representação, possibilitando pensar a diversidade e a

---

[262]. Chauí, 2002, pp. 17-18.

variedade de um mundo constituído de multiplicidades que traz, em suma, em sua constitutividade, um movimento ininterrupto que não dialoga senão com a sua capacidade de criação.

Acenando com uma relação de exterioridade, o *simbólico* converge para as fronteiras que assinalam a sobreposição do conjuntivo "*e*" [x *e* y *e* z] em relação ao atributivo "*é*" [x *é* y], à medida que alcança relevância não os termos em si, mas o que os une, se escapando à dimensão que envolve a identificação de uma coisa [o que ela é, no caso] a questão que se impõe não é senão as correspondências que mantém com outras com as quais guarda possibilidade de intersecção, tanto quanto o modo que as caracteriza em um processo que, concebendo a vida como a criação do novo, traz em sua constitutividade a interação que abrange forças, fluxos, movimentos, e descortina uma multiplicidade de horizontes, tal qual um jogo de espelhos em cuja intercalação de imagens "ver, falar e pensar não põem o Ser, apenas o desvendam", à medida que estas experiências "não se realizam fora – acima ou abaixo – do Ser, mas no meio dele, e a essência, como *lógos* proferido, reorganiza segundo seu próprio estilo a lógica perceptiva".[263]

Se escapa à condição que converge para unificar singularidades ou multiplicidades, o *simbólico*, expressando-as, guarda possibilidade de tornar visível o invisível, à medida que acena com a interação que abrange forças, fluxos, movimentos, cujas relações se impõem ao mundo vivencial e implicam a criação de blocos de sensações, agregados sensíveis de cores e linhas, sons, imagens, palavras, que se interseccionam nas fronteiras que, envolvendo *afectos* e *perceptos*[264], não se esgotam nelas, caracterizando o processo de figuração para o qual converge.

Do Capítulo 4 [DO HOMO POETICUS] emerge a

---

[263]. Chauí, 2002, p. 96.

[264]. "Os perceptos não mais são percepções, são independentes do estado daqueles que os experimentam; os afectos não são mais sentimentos ou afecções, transbordam a força daqueles que são atravessados por eles. As sensações, perceptos e afectos, são *seres* que valem por si mesmos e excedem qualquer vivido. Existem na ausência do homem, podemos dizer, porque o homem, tal como ele é fixado na pedra, sobre a tela ou ao longo das palavras, é ele próprio um composto de perceptos e de afectos. A obra de arte é um ser de sensação, e nada mais: ela existe em si." [Deleuze; Guattari, 2007, p. 213]

inter-relação envolvendo MYTHOS E TÁ METÀ PHYSIKÁ, cuja perspectiva, dialogando com a noção heideggeriana de *clareira*, converge para as fronteiras que assinalam um processo dialético caracterizando a relação que, carregando o *simbólico* como *possibilidade* e pressupondo existencialidade, o homem desenvolve através de um horizonte que intersecciona ele próprio, o semelhante e o mundo, e traz como destino a sua essencialização, se é o Ser mesmo que se impõe à condição que possibilita a sua experiência, a saber, à criação.

Lugar da essencialização [*Wesung*] do Ser[265], à *abertura* se impõe o processo do *devir* que, inter-relacionado às formas *simbólicas*, não traz como liame senão a adesão da crença[266], à medida que é na esfera da fé perceptiva que o

---

[265]. "*Wesung*, uma unidade original do ser-o-que e do ser-como, pertence unicamente ao ser e à verdade (LXV, 289), '*Wesung* significa o modo como o próprio ser é, a saber, ser' (LXV, 484). Ser nem tem nem é uma essência não verbal. Como a idéia do bem de Platão ou o deus de são Tomás, ele concede essências aos entes pela luz que derrama sobre eles. Ser não *é*: ser 'essencializa [*west*]' (LXV, 286)." [Inwood, 2002, p. 55]

[266]. Caráter que, segundo a leitura de Brentano, se impõe ao juízo, distinguindo-o da representação, convergindo, de acordo com a perspectiva de Husserl, para a condição de "tético" [do grego *thetikós*, "próprio para estabelecer"], à medida que consiste, pois, em um ato que

fenômeno do inteligir guarda raízes, tornando-se condicionado em função do próprio horizonte com o qual acena e que determina, em suma, a condição historial humana como um ser de linguagem, que carrega em si a disposição de habitar o *símbolo*, que emerge, pois, como a única possibilidade de humanização.[267]

A experiência do *simbólico*, segundo a perspectiva da

"põe" o ser: "Si miramos en torno nuestro en busca de nuevos caracteres, nos llamará la atención la circunstancia de que con los grupos de caracteres tratados aquí anteriormente se combinam otros de uma índole de todo punto diversa, como es patente, a saber, *los caracteres de ser*. Caracteres noéticos - '*caracteres de creencia*' o '*dóxicos*' - correlativamente referidos a modos de ser, son en las representaciones intuitivas, por ejemplo, la creencia encerrada en la percepción normal como ingrediente de 'percatación' y, más determinadamente, la certeza de la percepción; a esta corresponde como correlato noemático en el 'objeto' que aparece el carácter de ser que decimos 'real'. El mismo carácter noético o noemático ostenta la representación 'cierta', '*segura*', de toda índole, de lo que ha sido, de lo existente ahora, de lo venidero (esto último, en la expectativa 'previsora'). Son éstos actos '*ponentes*' de ser, actos '*téticos*'." [Husserl, § 103, 1986, p. 249, grifos do autor]

[267]. "No símbolo originário o eu descobre-se no tu como o tu no eu, formando a primeira comunidade ou presença real e mútua dos simbolizados. Esquecida esta presença, seguem-se as formas defeituosas da 'interioridade pura', do iconoclasmo em sentido amplo, do mero signo de algo, do empirismo coisista. Jamais se deveria apagar o símbolo como relação interpessoal a fim de se evitar a promoção indevida, a primeiro lugar, do juízo ou proposição sobre as coisas." [Pereira, 2004, p. 6]

investigação em questão, através das relações que a sua existência pressupõe e implica, se impõe como uma iniciação ao umbral que acena com *o que não se é,* pois à medida que emerge como um horizonte de convergência que envolve *sentido* e inacabamento dialoga com as fronteiras da *essência,* que escapa à condição de síntese acabada e pura interioridade, carregando a noção de articulação em um mundo que não se caracteriza senão como vivencial.[268]

Sobrepondo-se à questão que envolve instituinte e instituído, ao *simbólico* se impõe a possibilidade de escapar à redutibilidade que emerge através da negação do *impensado* como uma dimensão do pensamento, à medida que acena com a diferenciação que em sua interioridade opera em função da força de sua distância em relação a si mesmo e ao próprio homem, assinalando uma ausência que transpõe as

---

[268]. "Quão admirável é encontrar um homem para quem tudo fala, a quem tudo diz algo, a quem tudo saúda e que, por seu lado, saúda tudo com o espírito, o coração e a profundidade do seu ser pessoal. Esta é a grandeza e a plenitude humana do símbolo como encontro com o outro e a natureza. Os elementos sensíveis que integram os grandes sinais ou símbolos, devem ser vividos pelo homem como expressões vivas que dizem o interior oculto do homem e das coisas e fecundam a práxis humana." [Pereira, 2004, pp. 4-5]

fronteiras sinonímicas do vazio e não se caracteriza senão como percurso, posto que destina, guardando o invisível caráter estrutural, liame, não ruptura, tendo em vista que ao *tecido* sobrevêm, das suas raízes, no *devir* da existência, o tecer, através de uma relação que longe de imediatez e exterioridade carrega a experiência do *sentido*.

Permitindo desde sempre a transposição, a sedimentação que se impõe a toda idealidade não se caracteriza senão, através do *simbólico*, como provisória, escapando ao horizonte do imobilismo para o qual tende a convergir um processo que pressupõe domínio da *realidade* mas que não extravasa o âmbito da circunscrição de uma relação que traz um eixo virtual de existência e delineia, antes, a silhueta do mundo vivencial que guarda as suas raízes, perfazendo, em suma, um arcabouço de forças antagônicas que acena com um pensamento cuja experiência mantém correspondência com a simultaneidade que envolve presença e ausência, visibilidade e invisibilidade, perfeição e inacabamento, totalidade e abertura.

Coesão de vida, pois, eis o que se impõe ao *simbólico*,

que acena com um horizonte que escapa às fronteiras da inerência psicológica ou da imanência transcendental, guardando em si, à medida que não se caracteriza como uma unidade sintética, um irrefletido irredutível, configurando-se como *ek-stase* ou transcendência o fenômeno para o qual converge a operação que suscita e que pressupõe uma inter-relação que envolve a consciência que carrega uma dimensão propriamente fundadora, lugar da gênese do *sentido* [perceptiva] e a consciência que mantém raízes no solo pré-reflexivo e expõe a condição originária da relação que implica a existência humana [reflexiva], que emerge como a possibilidade de exprimir, em suma, o que aquela traz como tácito no *simbolismo* do corpo e do mundo e que não é senão, através da experiência do processo em questão, antes do que o *conhecimento* do *Ser*, a sua criação, ou melhor, a criação e o desvelamento daquilo que não é menos do que o *vir-a-ser*.

REFERÊNCIAS BIBLIOGRÁFICAS

ABBAGNANO, Nicola. **Dicionário de Filosofia**. Tradução da 1ª edição brasileira coordenada e revista por Alfredo Bosi [revisão da tradução e tradução dos novos textos: Ivone Castilho Benedetti]. 5. ed. [revista e ampliada]. São Paulo: Martins Fontes, 2007;

ADORNO, Theodor L. W.; HORKHEIMER, Max. **Dialética do esclarecimento: fragmentos filosóficos**. Tradução de Guido Antonio de Almeida. Rio de Janeiro: Jorge Zahar Editor, 1985;

ARISTÓTELES. **A política**. Tradução de Mário da Gama Kury. Brasília: Editora Universidade de Brasília, 1985;

BACHELARD, Gaston. **A água e os sonhos: ensaio sobre a imaginação da matéria**. Tradução de Antônio de Pádua Danesi. São Paulo: Martins Fontes, 1997 [*Coleção Tópicos*];

BARAQUIN, Noëlla; LAFFITTE, Jacqueline. **Dicionário de Filósofos [*Dictionnaire des Philosophes*]**. Tradução de Pedro Elói Duarte. Lisboa: Edições 70, 2004 [*Coleção Lexis*];

BARBOZA, Jair. **Infinitude subjetiva e estética:** natureza e arte em Schelling e Schopenhauer. São Paulo: Editora UNESP, 2005;

BASTOS, Fernando. **Mito e filosofia: Eudoro de Sousa e a complementariedade do horizonte.** 2. ed. Brasília: Editora Universidade de Brasília, 1998;

BRANDÃO, Junito de Souza. **Mitologia grega. Volume I.** Petrópolis: Vozes, 1986;

BURNET, John. **A aurora da filosofia grega.** Tradução de Vera Ribeiro [revisão da tradução de Agatha Bacelar; tradução das citações em grego e latim de Henrique Cairus, Agatha Bacelar e Tatiana Oliveira Ribeiro]. Rio de Janeiro: Contraponto / Editora PUC-Rio, 2006;

CALVINO, Italo. **A combinatória e o mito na arte da narrativa.** In: LUCCIONI et al., 1977, pp. 75-80;

CASSIRER, Ernst. **Ensaio sobre o homem: introdução a uma filosofia da cultura humana.** Tradução de Tomás Rosa Bueno. São Paulo: Martins Fontes, 2005 [*Coleção Tópicos*];

CASSIRER, Ernst. *Esencia y efecto del concepto de símbolo.* Tradução de Carlos Gerhard. México: Fondo de Cultura Económica, 1975;

CASSIRER, Ernst. *Filosofia de Las Formas Simbólicas I: el lenguaje.* Tradução de Armando Morrones. México: Fondo de Cultura Económica, 1998a;

CASSIRER, Ernst. *Filosofia de Las Formas Simbólicas II: el pensamiento mitico.* Tradução de Armando Morrones. México: Fondo de Cultura Económica, 1998b;

CASSIRER, Ernst. *Filosofia de Las Formas Simbólicas III: fenomenología del reconocimiento.* Tradução de Armando Morrones. México: Fondo de Cultura Económica, 1998c;

CASSIRER, Ernst. **Linguagem e mito.** Tradução de J. Guinsburg e Míriam Schnaiderman. 3. ed. São Paulo: Perspectiva, 1992 [Coleção Debates];

CASTORIADIS, Cornelius. **A instituição imaginária da sociedade.** Tradução de Guy Reynaud. 2. ed. Rio de janeiro: Paz e Terra, 1982;

CENCILLO, Luis. *Mito. Semántica y realidad.* Madrid: Biblioteca de Autores Cristianos, 1970;

CEXUS, Dominique. **O circo dos comodistas.** In: LUCCIONI et al., 1977, pp. 161-171;

CHAUÍ, Marilena de Souza. **Experiência do Pensamento: ensaios sobre a obra de Merleau-Ponty.** São Paulo: Martins Fontes, 2002 [*Coleção Tópicos*];

CORNFORD, Francis MacDonald. ***Principium sapientiae:* as origens do pensamento filosófico grego.** Tradução de Maria Manuela Rocheta dos Santos. 2. ed. Lisboa: Fundação Calouste Gulbenkian, 1981;

DELEUZE, Gilles; GUATTARI, Félix. **O que é a filosofia?** Tradução de Bento Prado Jr. e Alberto Alonso Muñoz. 2. ed. [5. reimpressão]. Rio de Janeiro: Editora 34, 2007 [*Coleção TRANS*];

DETIENNE, Marcel. **Os mestres da verdade na Grécia arcaica.** Tradução de Andréa Daher. Rio de Janeiro: Jorge Zahar Editor, 1988;

DICIONÁRIO Houaiss [1]. Dicionário Houaiss da Língua Portuguesa. Disponível em: < http://houaiss.uol.com.br/busca?palavra=metempsicose >. Acesso em: 24 nov. 2014;

DICIONÁRIO Houaiss [2]. Dicionário Houaiss da Língua Portuguesa. Disponível em: <

http://houaiss.uol.com.br/busca?palavra=simbolo >.
Acesso em: 24 nov. 2014;

DIÔGENES LAÊRTIOS. **Vidas e doutrinas dos filósofos ilustres.** Tradução de Mário da Gama Kury. 2. ed. Brasília: Editora Universidade de Brasília, 2008;

DURKHEIM, Émile. **As formas elementares da vida religiosa: o sistema totêmico na Austrália.** Tradução de Paulo Neves. 3. ed. São Paulo: Martins Fontes, 2003 [Coleção Tópicos];

ELIADE, Mircea. **Imagens e símbolos.** Tradução de Maria Adozinda Oliveira Soares. Lisboa: Arcádia, 1979 [Coleção Artes e Letras];

ELIADE, Mircea. **Mito do eterno retorno.** Tradução de José Antonio Ceschin. São Paulo: Mercuryo, 1992;

ELIADE, Mircea. **Mito e Realidade.** Tradução de Pola Civelli. São Paulo: Perspectiva, 1972 [Coleção Debates];

ELIADE, Mircea. **O sagrado e o profano.** Tradução de Rogério Fernandes. São Paulo: Martins Fontes, 1992 [Coleção Tópicos];

ENSAIO SOBRE A CEGUEIRA. Direção: Fernando Meirelles. Produção: Andréa Barata Ribeiro, Niv Fichman,

Sonoko Sakai. Roteiro: Don McKellar. Elenco: Alice Brraga, Danny Glover, Gael García Bernal, Julianne Moore, Mark Ruffalo, Maury Chaykin, Mitchell Nye, Yoshino Kimura, Yusuke Iseya. Gênero: Drama. Fotografia: César Charlone. Trilha Sonora: Marco Antônio Guimarães. Brasil / Canadá / Japão: Fox Film, 2008. 1 DVD [124 min.], widescreen, sonoro, colorido. Baseado no romance Ensaio sobre a Cegueira [1985], de José Saramago;

FARRINGTON, Benjamim. **A ciência grega e o que significa para nós.** Tradução de João Cunha Andrade e Lívio Xavier. São Paulo: Ibrasa, 1961 [*Biblioteca História*];

FERREIRA, Aurélio Buarque de Holanda. **Novo Dicionário da Língua Portuguesa.** 2. ed. revista e aumentada. Rio de Janeiro: Nova Fronteira, 1986;

FRANCO, Sérgio de Gouvêa. **Hermenêutica e psicanálise na obra de Paul Ricoeur.** São Paulo: Edições Loyola, 1995 [*Coleção Filosofia*];

GOETHE. Johann Wolfgang von. *Gedanken und Sprüche*. In: ***Schriften über die Natur.*** Stuttgart: Alfred Kröner, 1949, p. 31;

HEIDEGGER, Martin. **Conferências e Escritos Filosóficos.** Tradução e notas de Ernildo Stein. São Paulo: Nova Cultural. 1996 [*Série Os Pensadores*];

HERÁCLITO. **Fragmentos. Sobre a Natureza [DK 22 B 1-126].** In: SOUZA, 1999, pp. 87-101;

HESÍODO. **Os trabalhos e os dias: (primeira parte).** Introdução, tradução e comentários de Mary de Camargo Neves Lafer. 5. ed. São Paulo: Iluminuras, 2006 [*Biblioteca Pólen*];

HUSSERL, Edmund. ***Ideas relativas a una fenomenología pura y una filosofía fenomenológica I.*** Traducción de José Gaos. 3. ed. México/Buenos Aires: Fondo de Cultura Económica, 1986;

INWOOD, Michael. **Dicionário Heidegger.** Tradução de Luísa Buarque de Holanda. Rio de Janeiro: Jorge Zahar Editor, 2002;

JAKOBSON, Roman. **Lingüística e comunicação.** Tradução de Izidoro Blikstein e José Paulo Paes. 21. ed. São Paulo: Cultrix, 2008;

JAPIASSÚ, Hilton; MARCONDES, Danilo. **Dicionário básico de filosofia.** 5. ed. Rio de Janeiro: Jorge Zahar Editor, 2008;

JASPERS, Karl. **Filosofia da existência.** Tradução de Marco Aurélio de Moura Matos. Rio de Janeiro: Imago, 1973;

KANT, Immanuel. **Lógica.** Tradução de Guido Antônio de Almeida [Texto estabelecido por Gottlob Benjamin Jäsche]. Rio de Janeiro: Tempo Brasileiro, 1992 [*Biblioteca Tempo Universitário / Série Estudos alemães*];

KLEIN, Ted. **Prefácio.** In: RICOEUR, 1976, pp. 9-10;

KURY, Mário da Gama. **Dicionário de mitologia grega e romana.** 8. ed. Rio de Janeiro: Jorge Zahar Editor, 2008;

LAFER, Mary de Camargo Neves. **Os mitos: comentários.** In: HESÍODO, 2006, pp. 51-88;

LÉVI-STRAUSS, Claude. **As estruturas elementares do parentesco.** Tradução de Mariano Ferreira. Petrópolis: Vozes, 1982;

LÉVI-STRAUSS, Claude. **O olhar distanciado.** Tradução de Carmen de Carvalho. Lisboa: Edições 70, 1986 [*Coleção Perspectivas do Homem*];

LIMA VAZ, Henrique C. de. **Escritos de filosofia VI: ontologia e história.** São Paulo: Edições Loyola, 2001 [*Coleção Filosofia*];

LUCCIONI, Gennie; et al. **Atualidade do mito.** Tradução de Carlos Arthur R. do Nascimento. São Paulo: Duas Cidades, 1977;

MALINOWSKI, Bronislaw. **Uma Teoria Científica da Cultura.** Tradução de José Auto. 2. ed. Rio de Janeiro: Zahar Editores, 1970 [*Biblioteca de Ciências Sociais*];

MARCONDES, Danilo. **Textos básicos de linguagem: de Platão a Foucault.** Rio de Janeiro: Jorge Zahar Editor, 2009;

MERLEAU-PONTY, Maurice. *La structure du comportement.*

7e éd. Paris: Presses Universitaires de France, 1972;

MERLEAU-PONTY, Maurice. **O homem e a comunicação: a prosa do mundo.** Tradução de Celina Luz. Rio de Janeiro: Edições Bloch, 1974;

MERLEAU-PONTY, Maurice. **O visível e o invisível.** Tradução de José Artur Gianotti e Armando Mora d'Oliveira. 4. ed. São Paulo: Perspectiva, 2003 [*Coleção Debates*];

MERLEAU-PONTY, Maurice. **Signos**. Tradução de Maria Ermantina Galvão Gomes Pereira. São Paulo: Martins Fontes, 1991 [*Coleção Tópicos*];

MORA, José Ferrater. **Dicionário de Filosofia. Tomo IV (Q-Z)**. Tradução de Maria Stela Gonçalves, Adail U. Sobral, Marcos Bagno e Nicolás Nyimi Campanário. São Paulo: Edições Loyola, 2001;

MUKAŘOVSKÝ, Jan. **Escritos sobre estética e semiótica da arte**. Tradução de Manuel Ruas. Lisboa: Editorial Estampa, 1997;

MURRAY, Gilbert. *Five Stages of Greek Religion*. Columbia University Lectures. Nova York: Columbia University Press, 1930;

O LABIRINTO DO FAUNO. Direção: Guillermo del Toro. Produção: Álvaro Augustín, Alfonso Cuarón, Bertha Navarro, Guillermo del Toro, Frida Tooresblanco. Roteiro: Guillermo del Toro. Elenco: Ivana Baquero, Doug Jones, Sergi López, Maribel Verdú, Ariadna Gil, Álex Angulo, Roger Casamajor, Federico Luppi, Manolo Solo, Ivan Massagué, José Luis Torrijo. Gênero: Suspense, fantasia, drama. Fotografia: Guillermo Navarro. Efeitos visuais:

Robert Stromberg. Trilha sonora: Javier Navarrete. Espanha / México: Warner Bros, 2006. 1 DVD [118 min.], widescreen, sonoro, colorido;

OTTO, Rudolf. **O sagrado: os aspectos irracionais na noção do divino e sua relação com o racional.** Tradução de Walter O. Schlupp. São Leopoldo: Sinodal/EST; Petrópolis: Vozes, 2007;

PARMÊNIDES. **Fragmentos. Sobre a Natureza [DK 28 B 1-9].** In: SOUZA, 1999, pp. 121-126;

PEIRCE, Charles Sanders. **Semiótica.** Tradução de José Teixeira Coelho Neto. 3. ed. São Paulo: Perspectiva, 2005 [*Coleção Estudos*];

PEREIRA, Miguel Baptista. Para uma filosofia do símbolo. **Revista Filosófica de Coimbra,** v. 13, n. 25, pp. 3-30, 2004;

PERINE, Marcelo. **Ensaio de iniciação ao filosofar.** São Paulo: Edições Loyola, 2007 [*Coleção Filosofar é preciso*];

PINO, Angel. Semiótica e cognição na perspectiva histórico-cultural. **Temas em Psicologia,** São Paulo, n. 2, pp. 31-40, 1995;

PLATÃO. **Teeteto.** Tradução de Adriana Manuela Nogueira e Marcelo Boeri. 3. ed. Lisboa: Fundação Calouste Gulbenkian, 2010;

RABANT, Claude. **O mito no porvir (re)começa...** In: LUCCIONI et al., 1977, pp. 29-40;

RAMNOUX, Clémence. **Mitológica do tempo presente.** In: LUCCIONI et al., 1977, pp. 17-28;

RICOEUR, Paul. **A metáfora viva.** Tradução de Dion Davi Macedo. São Paulo: Edições Loyola, 2000 [*Coleção Leituras Filosóficas*];

RICOEUR, Paul. **Mito – a interpretação filosófica. Grécia e mito.** Lisboa: Gradiva, 1988;

RICOEUR, Paul. **Teoria da interpretação: o discurso e o excesso de significação.** Tradução de Artur Morão. Lisboa: Edições 70, 1976;

SCHELLING, Friedrich Wilhelm Joseph von. **Filosofia da arte.** Tradução de Márcio Suzuki. São Paulo: Editora USP, 2001 [*Série Clássicos*];

SCHUHL, Pierre Máxime. *Essai sur la formation de la pensée grecque.* Paris: Press Universitaires de France, 1949;

SOUSA, Eudoro de. **História e Mito.** Brasília: Editora Universidade de Brasília, 1981 [*Cadernos da UnB*];

SOUSA, Eudoro de. **Horizonte e complementariedade: ensaio sobre a relação entre mito e metafísica, nos primeiros filósofos gregos.** São Paulo: Duas Cidades; Brasília: Editora Universidade de Brasília, 1975;

SOUSA, Eudoro de. **Sempre o mesmo, acerca do mesmo.** Brasília: Editora Universidade de Brasília, 1978 [*Universidade Aberta, I*];

SOUZA, José Cavalcante de. [Org.]. **Os Pré-socráticos: fragmentos, doxografia e comentários.** Tradução de José Cavalcante de Souza et al. São Paulo: Nova Cultural, 1999 [*Série Os Pensadores*];

THOMSON, George. **Os Primeiros Filósofos: estudos sobre a sociedade grega antiga. Volume II.** Lisboa: Editorial Estampa, 1974;

TORRES FILHO, Rubens Rodrigues. **Ensaios de filosofia ilustrada.** 2. ed. São Paulo: Iluminuras, 2004;

VERNANT, Jean-Pierre. **As origens do pensamento grego.** Tradução de Ísis Lana Borges. São Paulo: Difel, 1972;

VERNANT, Jean-Pierre. **Mito e pensamento entre os gregos: estudos de psicologia histórica.** Tradução de Haiganuch Sarian. São Paulo: Difel / Editora USP, 1973;

VIGOTSKI, Lev Semenovich. **A construção do pensamento e da linguagem.** Tradução de Paulo Bezerra. São Paulo: Martins Fontes, 2001 [*Coleção Psicologia e Pedagogia*];

VIGOTSKI, Lev Semenovich. **Pensamento e linguagem.** Tradução de Jefferson Luiz Camargo. 2. ed. São Paulo: Martins Fontes, 2003 [*Coleção Psicologia e Pedagogia*];

VIGOTSKI, Lev Semenovich; LURIA, Alexander Romanovich. **Estudos sobre a história do comportamento: símios, homem primitivo e criança.** Tradução de Lólio Lourenço de Oliveira. Porto Alegre: Artes Médicas, 1996;

WÖLFFLIN, Heinrich. ***Principles of Art History.*** Seventh Edition. Mineola, N.Y.: Dover Publications, Inc., 1950.

BIBLIOGRAFIA DO AUTOR

[Ordem cronológica]

Livros

MARIANO DA ROSA, L. C. **A transformação do sujeito em si mesmo e a fé em Kierkegaard: Abraão, "Pai da Fé" e "Amigo de Deus", como protótipo de um novo ser e de um novo modo de existência.** 1. ed. Beau Bassin, Mauritius: Novas Edições Acadêmicas (OmniScriptum Publishing Group), 2018, v. 1, 105 p.

MARIANO DA ROSA, L. C. **Da propriedade como fundamento ético-jurídico e econômico-político em Locke à vontade geral e o sistema autogestionário em Rousseau.** 1. ed. São Paulo: Politikón Zôon Publicações, 2018, v. 1. 214 p.

MARIANO DA ROSA, L. C. **Os Direitos da Razão e a sua Autoprodução entre o Sistema de Conhecimento de Descartes, o Projeto Crítico de Kant e o Idealismo Absoluto de Hegel.** 1. ed. São Paulo: Politikón Zôon Publicações, 2018, v. 1. 198 p.

MARIANO DA ROSA, L. C. **Hobbes, Locke e Rousseau: Do direito natural burguês e a instituição da soberania estatal à vontade geral e o exercício da soberania popular.** 1. ed. São Paulo: Politikón Zôon Publicações, 2017, v. 1. 188 p.

MARIANO DA ROSA, L. C. **O direito de ser homem: liberdade e igualdade em Rousseau.** 1. ed. Saarbrücken, Alemanha: Novas Edições Acadêmicas (OmniScriptum Publishing Group), 2017. v. 1. 96 p.

MARIANO DA ROSA, L. C. **Determinismo e liberdade: a condição humana *entre os muros da escola*.** 1. ed. São Paulo: Politikón Zôon Publicações, 2016. v. 1. 390 p.

MARIANO DA ROSA, L. C. **O direito de ser homem: da alienação da desigualdade social à autonomia da sociedade igualitária na teoria política de Jean-Jacques Rousseau.** 1. ed. São Paulo: Politikón Zôon Publicações, 2015. v. 1. 150 p.

MARIANO DA ROSA, L. C. **Mito e filosofia: do *homo poeticus*.** 1. ed. São Paulo: Politikón Zôon Publicações, 2014. v. 1. 219 p.

MARIANO DA ROSA, L. C. **Quase sagrado**. 1. ed. São Paulo: Politikón Zôon Publicações, 2014. v. 1. 123 p.

MARIANO DA ROSA, L. C. **O todo essencial**. 1. ed. Lisboa: Universitária Editora, 2005. v. 1. 167 p.

Artigos

MARIANO DA ROSA, L. C. Kierkegaard e a transformação do sujeito em si mesmo entre a vertigem da liberdade e o paradoxo absoluto da fé. **Revista Filosofia Capital – RFC [Brasília, DF]**, v. 13, n. 20, p. 30-46, dez. 2018.

MARIANO DA ROSA, L. C. Kierkegaard e a transformação do sujeito em si mesmo entre a vertigem da liberdade e o paradoxo absoluto da fé. **Saberes: Revista Interdisciplinar de Filosofia e Educação – UFRN [Natal, RN]**, v. 19, n. 2, p. 26-47, ago. 2018.

MARIANO DA ROSA, L. C. Kierkegaard e a transformação do sujeito em si mesmo entre a vertigem da liberdade e o paradoxo absoluto da fé. **Correlatio – UMESP [São Paulo, SP]**, v. 17, n. 1, p. 5-31, ago. 2018.

MARIANO DA ROSA, L. C. Kierkegaard e a transformação do sujeito em si mesmo entre a vertigem da liberdade e o paradoxo absoluto da fé. **Cadernos Zygmunt Bauman - UFMA [São Luís, MA]**, v. 8, n. 17, ago. 2018.

MARIANO DA ROSA, L. C. A oração entre as práticas mágico-religiosas do politeísmo e o *relacionamento pactual* do monoteísmo: da superação do *determinismo da história* em Mircea Eliade à *presença do mistério do ser* em Paul Tillich. **Revista Teológica Doxia – FABRA [PUC-RJ]**, v. 3, n. 3, p. 46-75, jun. 2018.

MARIANO DA ROSA, L. C. Abraão como protótipo de uma nova existência em Mircea Eliade e a fé como movimento envolvendo o finito e o infinito em Kierkegaard. **Revista Diversidade Religiosa – UFPB [João Pessoa, PB]**, v. 8, n. 1, p. 140-166, jun. 2018.

MARIANO DA ROSA, L. C. Abraão, "Pai da Fé" e "Amigo de Deus", como protótipo de um *novo modo de existência* em Mircea Eliade e a fé como *relação absoluta com o absoluto* em Kierkegaard. **Revista Litterarius – Faculdade Palotina [Santa Maria, RS]**, v. 17, n. 1, p. 1-25, jun. 2018.

MARIANO DA ROSA, L. C. O sistema escolar entre o espaço social e o *habitus* segundo o estruturalismo construtivista de Bourdieu. **Revista Interfaces da Educação - UEMS [Paranaíba-MS]**, v. 9, n. 25, p. 273-303, jun. 2018.

DA ROSA, L. C. M. Kierkegaard e a transformação do sujeito em si mesmo entre a vertigem da liberdade e o paradoxo absoluto da fé. **Revista Eletrônica Espaço Teológico / REVELETEO [PUC-SP]** v. 12, n. 21, p. 68-86, jan./jun. 2018.

MARIANO DA ROSA, L. C. A vontade geral e o sistema autogestionário: necessidade, possibilidade e desafios. **Revista Ensaios – UFF [Niterói, RJ]**, v. 11, n. 2, p. 114-139, jul./dez. 2017.

ROSA, L. C. M. O sistema escolar entre o espaço social e o *habitus* segundo o estruturalismo construtivista de Bourdieu. **Revista Eletrônica de Educação da Faculdade Araguaia - RENEFARA [Goiânia, GO]**, v. 11, n. 1, jun. 2017.

ROSA, L. C. M. A vontade geral e o sistema autogestionário: necessidade, possibilidade e desafios. **REVISTA ORG & DEMO [Marília, SP]**, v. 18, n. 1, p. 37-60, jan. 2017.

ROSA, L. C. M. da. A vontade geral e o sistema autogestionário: necessidade, possibilidade e desafios. **Revista Opinião Filosófica [Porto Alegre, RS]**, v. 8, n. 1, p. 476-509, jan. 2017.

MARIANO DA ROSA, L. C. A vontade geral e o sistema autogestionário: necessidade, possibilidade e desafios. **Polymatheia - Revista de Filosofia [Fortaleza, CE]**, v. 10, n. 16, jan. 2017.

ROSA, L. C. M. da. O sistema escolar entre o espaço social e o *habitus* segundo o estruturalismo construtivista de Bourdieu. **Revista Eletrônica Pesquiseduca - Universidade Católica de Santos [Santos - SP]**, v. 9, n. 17, p. 91-115, jan. 2017.

MARIANO DA ROSA, L. C. O sistema escolar entre o espaço social e o *habitus* segundo o estruturalismo construtivista de Bourdieu. **Revista Filosofia Capital - RFC [Brasília, DF]**, v. 12, n. 19, p. 51-68, jan. 2017.

ROSA, L. C. M. O processo formativo-educacional entre a integração durkheimiana e a alienação marxiana. **Cadernos Zygmunt Bauman / UFMA [São Luís, MA]**, v. 6, n. 12, p. 51-85, 2016 [O *legado de Bauman*].

MARIANO DA ROSA, L. C. A vontade geral como processo ético-jurídico de deliberação coletiva e movimento econômico-político de institucionalização do poder. **Revista Direito em Debate – Revista do Departamento de Ciências Jurídicas e Sociais da UNIJUI [Ijuí, RS]**, Ano XXV, n. 46, p. 94-120, jul./dez. 2016.

MARIANO DA ROSA, L. C. A soberania entre a renúncia dos direitos ilimitados do contrato hobbesiano e a "*alienação* verdadeira" do pacto rousseauniano. **Revista Filosofia Capital – RFC [Brasília, DF]**, v. 11, n. 18, p. 43-61, jan./dez. 2016 [*Discussões filosóficas acerca dos fenômenos da existência humana*].

MARIANO DA ROSA, L. C. O sistema educacional e a racionalização burocrática entre a tipologia das ações humanas e a teoria da dominação de Weber. **Saberes, Revista Interdisciplinar de Filosofia e Educação / UFRN [Natal, RN]**, v. 1, n. 14, p. 81-107, out. 2016.

MARIANO DA ROSA, L. C. A propriedade como fundamento ético-jurídico e econômico-político em Locke. **Revista Húmus / UFMA [São Luís, MA]**, v. 6, n. 17, p. 80-102, ago. 2016 [*Política, amizade e liberdade na modernidade*].

MARIANO DA ROSA, L. C. A soberania entre a renúncia dos direitos ilimitados do contrato hobbesiano e a "*alienação* verdadeira" do pacto rousseauniano. **Revista de Ciências Humanas - Educação e Desenvolvimento Humano / UNITAU [Taubaté, SP]**, v. 9, n. 1, ed. 16, p. 115 - 130, jun. 2016 [*Políticas Educacionais*].

ROSA, L. C. M. A lei natural, o direito de propriedade e a coexistência das liberdades: individualismo moderno e liberalismo político no contratualismo de Locke. **Revista Opinião Filosófica [Porto Alegre, RS]**, v. 7, n. 1, p. 303-332, jun. 2016 ["*Dead Dogs Never Die: Hegel and Marx*"].

ROSA, L. C. M. da. A soberania entre a renúncia dos direitos ilimitados do contrato hobbesiano e a "*alienação* verdadeira" do pacto rousseauniano. **Akrópolis - Revista de Ciências Humanas da UNIPAR [Umuarama, PR]**, v. 24, n. 1, p. 71-84, jan./jun. 2016.

MARIANO DA ROSA, L. C. A lei natural, o direito de propriedade e a coexistência das liberdades: individualismo moderno e liberalismo político no contratualismo de Locke. **Filosofando: Revista Eletrônica de Filosofia da UESB**

[Vitória da Conquista, BA], v. 3, n. 2, p. 54-75, jul./dez. 2015.

ROSA, L. C. M. da. Do projeto crítico kantiano: os direitos da razão entre a *lógica da verdade* e a *lógica da aparência*. **Revista Cadernos do PET Filosofia / UFPI [Teresina, PI]**, v. 6, n. 12, p. 76-91, jul./dez. 2015.

MARIANO DA ROSA, L. C. A vontade geral como condição para o exercício da soberania popular em Jean-Jacques Rousseau. **Revista Sociais e Humanas – UFSM [Santa Maria, RS]**, v. 28, n. 2, p. 9–23, mai./ago. 2015.

ROSA, L. C. M. da. Determinismo e liberdade no processo de construção do conhecimento: da condição humana *entre os muros da escola*. **Revista da Faculdade de Educação da UNEMAT [Cáceres, MT]**, v. 23, n. 1, ano 13, p. 75-97, jan./jun. 2015.

MARIANO DA ROSA, L. C. Do sistema educacional e o desafio da fundação de um novo homem entre a organização científico-técnica e a formação econômico-social. **Cadernos Zygmunt Bauman / UFMA [São Luís, MA]**, v. 5, n. 10, p. 19-41, 2015 [*O ciberpajé e a tecnociência*].

MARIANO DA ROSA, L. C. Da vontade geral como condição para o exercício da soberania popular em Jean-Jacques Rousseau. **Problemata: Revista Internacional de Filosofia** [*International Journal of Philosophy*] / **UFPB** [João Pessoa, PB], v. 6, n. 2, p. 151-177, 2015.

MARIANO DA ROSA, L. C. Do sistema de conhecimento de Descartes: o "eu" como "coisa em si" e a "consciência da consciência". **Revista Filosofia Capital – RFC [Brasília, DF]**, v. 10, n. 17, p. 39-58, jan./dez. 2015 [*Ética e Noética da Transcendência: fenômenos da consciência, da vida, da morte e do espírito!*].

ROSA, L. C. M. Da vontade geral como condição para o exercício da soberania popular em Jean-Jacques Rousseau. **Revista Latitude da UNIFAL [Maceió, AL]**, v. 9, n. 1, p. 99-130, 2015.

MARIANO DA ROSA, L. C. Do sistema de conhecimento de Descartes: o "eu" como "coisa em si" e a "consciência da consciência". **Revista Húmus / UFMA [São Luís, MA]**, v. 5, p. 2-31, 2015.

ROSA, L. C. M. Do projeto crítico kantiano: os direitos da razão entre a *lógica da verdade* e a *lógica da aparência*. **Studia Kantiana [Natal, RN]**, n. 17, p. 5-26, dez. 2014.

MARIANO DA ROSA, L. C. Do direito de ser homem: da alienação da desigualdade social à autonomia da sociedade igualitária na teoria política de Jean-Jacques Rousseau. **PRACS: Revista Eletrônica de Humanidades do Curso de Ciências Sociais da UNIFAP [Macapá, AP]**, v. 7, n. 2, p. 109-133, jul./dez. 2014 [*Temas e Debates das Humanidades Contemporâneas*].

MARIANO DA ROSA, L. C. Do projeto crítico kantiano: os direitos da razão entre a *lógica da verdade* e a *lógica da aparência*. **Revista Opinião Filosófica [Porto Alegre, RS]**, v. 5, n. 2, p. 85-109, 2014 [*Filosofia & Interdisciplinaridade*].

MARIANO DA ROSA, L. C. Da vontade geral como condição para o exercício da soberania popular em Jean-Jacques Rousseau. **Revista de Ciências Humanas – Educação e Desenvolvimento Humano / UNITAU [Taubaté, SP]**, v. 7, n. 2, p. 205-232, jul./dez. 2014 [*Multiplicidade, Contextos e Interdisciplinaridade*].

MARIANO DA ROSA, L. C. Schopenhauer e Nietzsche: do dualismo metafísico ao princípio da unidade-múltipla. **Revista Húmus / UFMA [São Luís, MA]**, v. 4, n. 12, p. 59-76, 2014 [*Pluralidade e Diferença*].

MARIANO DA ROSA, L. C. Mito e filosofia: do *homo poeticus*. **Saberes: Revista Interdisciplinar de Filosofia e Educação / UFRN [Natal, RN]**, v. 1, n. 10, p. 36-65, nov. 2014.

MARIANO DA ROSA, L. C. Schopenhauer e Nietzsche: do dualismo metafísico ao princípio da unidade-múltipla. **Revista Filosofia Capital – RFC [Brasília, DF]**, vol. 9, p. 85-98, 2014 [*Edição Especial: Concepções acerca da Verdade: Subjetividade, Educação e Multidimensionalidade*].

MARIANO DA ROSA, L. C. Do bem comum da visão platônico-aristotélica à lógica hobbesiana do contrato social (da ordem mecânica da matéria à ordem final da vontade). **Revista Filosofia Capital - RFC [Brasília, DF]**, vol. 9, n. 16, p. 58-75, jan./dez. 2014 [*A Razão Refletida: Modernidade na Ciência, na Ação, no Direito Natural e seus reflexos na Cultura Contemporânea*].

MARIANO DA ROSA, L. C. Da autoprodução da razão (do absoluto), a chave do devir e a condição humana. **Cognitio-Estudos: Revista Eletrônica de Filosofia -** *Philosophy Eletronic Journal* **/ Centro de Estudos de Pragmatismo / PUC-SP [São Paulo, SP]**, v. 11, n. 1, p. 68-85, 2014.

MARIANO DA ROSA, L. C. O direito de ser homem: da alienação da desigualdade social à autonomia da sociedade igualitária na teoria política de Jean-Jacques Rousseau segundo a perspectiva do materialismo histórico e dialético. **Revista Portuguesa de Ciência Política -** *Portuguese Journal of Political Science* **/ Observatório Político - Associação de Investigação em Estudos Políticos [Lisboa, Portugal]**, n. 3, p. 11-24, 2013 [*I. Do Humanismo*].

MARIANO DA ROSA, L. C. Da educação inclusiva: das diferenças como possibilidades (da teoria à prática). **Revista Zero-a-Seis / UFSC [Florianópolis, SC]**, v. 15, n. 28, p. 12-33, jul./dez. 2013.

ROSA, L. C. M. Maquiavel e Weber: a lógica do poder e a ética da ação - o "príncipe-centauro" e o "homem autêntico". **Revista de Ciências Humanas / UNITAU [Taubaté, SP]**, v. 6, n. 1, p. 120-143, 2013.

MARIANO DA ROSA, L. C. Da autoprodução da razão (do absoluto), a chave do devir e a condição humana. **Revista Tecer / Centro Universitário Metodista Izabela Hendrix [Belo Horizonte, MG]**, v. 6, n. 10, p. 31-50, mai. 2013.

DA ROSA, L. C. M. Do bem comum da visão platônico-aristotélica à lógica hobbesiana do contrato social (da ordem mecânica da matéria à ordem final da vontade). **Revista Opinião Filosófica [Porto Alegre, RS]**, v. 4, n. 1, p. 267-298, 2013 [*Normativismo e Naturalismo*].

MARIANO DA ROSA, L. C. Maquiavel e Weber: a lógica do poder e a ética da ação – O "príncipe-centauro" e o "homem autêntico". **Opsis - Revista da Unidade Acadêmica Especial História e Ciências Sociais / UFG / Regional Catalão [Catalão, GO]**, v. 13, n. 1, p. 180-199, 2013 [*Dossiê Linguagens, Tecnologias da Informação e Ensino de História*].

ROSA, L. C. M. Educação inclusiva: diferenças como possibilidades (da teoria à prática). **Poiésis - Revista do**

Programa de Pós-Graduação em Educação / **UNISUL [Tubarão, SC]**, v. 7, n. 12, p. 324-346, 2013.

ROSA, L. C. M. Do bem comum da visão platônico-aristotélica à lógica hobbesiana do contrato social (da ordem mecânica da matéria à ordem final da vontade). **Revista Aurora / UNESP [Marília, SP)**, v. 7, p. 81-102, 2013 [*Edição Especial / Dossiê: Filosofia*].

MARIANO DA ROSA, L. C. Literatura e religião: entre o tudo-dizer e o nada-dizer [do poder-ser]. **Revista Tecer / Centro Universitário Metodista Izabela Hendrix [Belo Horizonte, MG]**, v. 5, n. 8, p. 48-60, 2012.

MARIANO DA ROSA, L. C. Literatura e religião: entre o tudo-dizer e o nada-dizer (do poder-ser). **Revista Ciências da Religião – História e Sociedade / Programa de Pós-Graduação em Ciências da Religião do Centro de Educação, Filosofia e Teologia (CEFT) da Universidade Presbiteriana Mackenzie [São Paulo, SP]**, v. 10, n. 1, p. 163-184, 2012.

MARIANO DA ROSA, L. C. Da educação inclusiva: das diferenças como possibilidades (da teoria à prática). **Revista Lentes Pedagógicas / Faculdade Católica de Uberlândia**

[Uberlândia, MG], v. 2, n. 1, p. 2-20, 2012 [*Dossiê infância, fundamentos e práticas pedagógicas: inclusão e superação*].

MARIANO DA ROSA, L. C. Da educação inclusiva: das diferenças como possibilidades (da teoria à prática). **Revista Lugares de Educação / UFPB [Bananeiras, PB]**, v. 2, n. 3, p. 78-97, 2012 [*Multitemático*].

ROSA, L. C. M. Maquiavel e Weber: a lógica do poder e a ética da ação – o "príncipe-centauro" e o "homem autêntico". **Revista da Católica: Ensino – Pesquisa – Extensão / Faculdade Católica de Uberlândia [Uberlândia, MG]**, v. 4, n. 8, p. 3-23, 2012 [*Filosofia*].

ROSA, L. C. M. Da autoprodução da razão (do absoluto), a chave do devir e a condição humana. **Revista Semina: Ciências Sociais e Humanas / UEL [Londrina, PR]**, v. 33, n. 2, p. 147-162, 2012.

MARIANO DA ROSA, L. C. Os ídolos da caverna e a sociedade contemporânea: do narcisismo biopsicocultural. **Revista Filosofia Capital - RFC [Brasília-DF]**, v. 6, n. 13, p. 77-85, 2011 [*Miscelânea Filosófica em um Contexto Existencial*].

MARIANO DA ROSA, L. C. Da "revolução copernicana" (do verdadeiro "idealismo transcendental"). **Revista**

Intuitio / **Programa de Pós-Graduação em Filosofia da PUC-RS** [Porto Alegre, RS], v. 4, n. 1, p. 117-133, 2011.

MARIANO DA ROSA, L. C. Da "revolução copernicana" (do verdadeiro "idealismo transcendental"). **Revista Opinião Filosófica** [Porto Alegre, RS], v. 2, n. 2, p. 34-51, 2011 [*Kant: Política e Epistemologia*].

MARIANO DA ROSA, L. C. A vela e o caminho (da construção coletiva do saber). **Revista Teias / Programa de Pós-Graduação em Educação – ProPEd / UERJ** [Rio de Janeiro, RJ], v. 12, n. 25, p. 238-258, mai./ago. 2011 [*Ética, Saberes & Escola*].

MARIANO DA ROSA, L. C. Popper e a objetividade do conhecimento científico: a ciência provisória e a verdade temporária. **Cognitio-Estudos: Revista Eletrônica de Filosofia - Philosophy Eletronic Journal / Centro de Estudos de Pragmatismo / PUC-SP** [São Paulo, SP], v. 8, n. 1, p. 17-28, jan./jun. 2011.

MARIANO DA ROSA, L. C. Do mistério do ser - entre o pensador e o poeta [do *da-sein*]. **Poros – Revista de Filosofia / Faculdade Católica de Uberlândia** [Uberlândia, MG], v. 3, n. 5, p. 1-21, 2011.

ROSA, L. C. M. Do mistério do ser - entre o pensador e o poeta [do *da-sein*]. **Revista Filosófica São Boaventura / Fae – Centro Universitário / Instituto de Filosofia São Boaventura [Curitiba, PR]** v. 4, n. 2, p. 77-100, jul./dez. 2011.

MARIANO DA ROSA, L. C. Da educação: do jogo sociocultural e a inter-relação envolvendo *modus vivendi* e *modus essendi*. **Acta Scientiarum. Education / UEM [Maringá, PR]**, v. 33, n. 2, p. 211-218, July-Dec./2011 [História da Educação].

MARIANO DA ROSA, L. C. Da educação: do jogo sociocultural e a inter-relação envolvendo *modus vivendi* e *modus essendi*. **Múltiplas Leituras / Faculdade de Humanidades e Direito – UMESP [São Paulo, SP]**, v. 4, n. 2, p. 9-23, 2011 [*Dossiê: Violência e Educação*].

ROSA, L. C. M. A teoria analítica da ciência e a dialética aristotélica. **Revista Seara Filosófica / UFPel [Pelotas, RS]**, v. 4, p. 91-119, 2011.

MARIANO DA ROSA, L. C. Do "vir-a-ser" nietzschiano [Do "instinto natural filosófico"]. **Revista Partes [São Paulo, SP]**, v. 11, p. 1, 2011 [*Cultura*].

DA ROSA, L. C. M. Os ídolos da caverna e a sociedade contemporânea: do narcisismo biopsicocultural. **Cadernos Zygmunt Bauman / UFMA [São Luís, MA]**, v. 1, n. 2, p. 71-80, Jul. 2011 [*Ética, moral e pós-modernidade*].

DA ROSA, L. C. M. Da essencialização da realidade. **Revista Filosofia Capital – RFC [Brasília-DF]**, v. 4, n. 8, p. 46-57, 2009 [*A Condição Humana em Processo de Mutação*].

DA ROSA, L. C. M. Niilismo pós-orgíaco. **Revista Filosofia Capital – RFC [Brasília-DF]**, v. 4, p. 59-76, 2009 [*Edição Especial: A Vida é Inevitavelmente Agora!*].

DA ROSA, L. C. M. Autoformação (do "homem completo"). **Revista Filosofia Capital - RFC [Brasília-DF]**, v. 4, n. 9, p. 20-35, 2009 [*A Presença da Filosofia no Fazer Humano!*].

MARIANO DA ROSA, L. C. Autoformação (do "homem completo"). **Revista Entreideias: educação, cultura e sociedade / FACED – UFBA [Salvador, BA]**, v. 14, p. 87-103, 2008.

WEBSITES & SOCIAL LINKS DO AUTOR

CNPq [Luiz Carlos Mariano da Rosa]:

http://lattes.cnpq.br/0084141477309738

ORCID [Luiz Carlos Mariano Da Rosa]:

http://orcid.org/0000-0001-7649-2804

ResearchGate [Luiz Carlos Mariano Da Rosa]:

http://www.researchgate.net/profile/Mariano_Luiz_Carlos

Semantic Scholar/Profile 1 [Luiz Carlos Mariano da Rosa]:

https://www.semanticscholar.org/author/Luiz-Carlos-Mariano-da-Rosa/145051332?sort=influence&fbclid=IwAR2B2G-5PtDDY-iO4_WxRjgzKonySDta7YZ75M3QILBdarhUXDDIIGuYf9I

Semantic Scholar/Profile 2 [Luiz Carlos Mariano da Rosa]:

https://www.semanticscholar.org/author/Luiz-Carlos-Mariano-da-Rosa/134330005?sort=influence&fbclid=IwAR07268G-nB8AXcSzOWA7Q3I6lOkoOvlsJYZBAJU5F5UxTR3S2SxQO9f-Kc

Publons [Luiz Carlos Mariano da Rosa]:

https://publons.com/researcher/1911395/luiz-carlos-mariano-da-rosa/

PhilPapers [Luiz Carlos Mariano da Rosa]:

https://philpeople.org/profiles/luiz-carlos-mariano-da-rosa

REDIB - Red Iberoamericana de Innovación y Conocimiento Científico [Luiz Carlos Mariano da Rosa]:

https://redib.org/Search/Results?type=Author&lookfor=%22luiz+carlos+mariano+da+rosa%22&limit=20

Acta Académica [Luiz Carlos Mariano Da Rosa]:

https://www.aacademica.org/marianodarosa.luizcarlos

Academia.edu [Mariano Da Rosa (Luiz Carlos)]:

http://ucam-br.academia.edu/MarianoDaRosaLuizCarlos

Google Acadêmico/Google Scholar [Luiz Carlos Mariano da Rosa]:

https://scholar.google.com/citations?hl=pt-PT&user=IwvxyawAAAAJ

WorldCat [Luiz Carlos Mariano da Rosa]:

https://www.worldcat.org/search?q=luiz+carlos+mariano+da+rosa&fq=ap%3A%22mariano+da+rosa+luiz+carlos%22&dblist=638&start=1&qt=page_number_link

Globethics.net [Luiz Carlos Mariano da Rosa]:

https://repository.globethics.net/discover?scope=%2F&query=%22luiz+carlos+mariano+da+rosa%22&submit=&rpp=10&view=list

Google Books [Luiz Carlos Mariano Da Rosa]:

https://www.google.com.br/search?q=inauthor:%22Luiz+Carlos+Mariano+Da+Rosa%22&hl=pt-BR&tbm=bks&sxsrf=ALeKk026VWNSO-

SmmG2pwoYFLRt1ohsbAw:1615235446539&ei=dolGYL O7IOOy5OUPuNqNoAI&start=0&sa=N&ved=0ahUKEw izzpP4xKHvAhVjGbkGHThtAyQ4ChDy0wMIRw&biw=1 536&bih=775&dpr=1.25

Escritores.org [Luiz Carlos Mariano da Rosa]:

http://www.escritores.org/libros/index.php/item/luiz-carlos-mariano-da-rosa

Blog Prof. Mariano Da Rosa Educação, Filosofia e Teologia [Mariano Da Rosa, Luiz Carlos]:

https://professormarianodarosa.blogspot.com/

www.ingramcontent.com/pod-product-compliance
Lightning Source LLC
Chambersburg PA
CBHW060553230426
43670CB00011B/1800